广东省教育科学"十三五"规划2020年度研究项目：习近平总书记关于师德师风的重要论述研究（编号：2020GXJK018）的阶段性成果

2020年度广东高校网络思想政治教育工作研究课题：新时代高校网络舆情引导策略与治理机制研究——以广东省高校为例（编号：GDWL20YB25）的阶段性成果

广州市哲学社会科学发展"十四五"规划2021年度共建课题"新时代党史学习教育融入高校思政课教学的价值意蕴与实践策略研究"的阶段性成果

|国|研|文|库|

"四个统一"师德观研究
——基于思想政治理论课教师的实践

陈吉鄂 —— 著

光明日报出版社

图书在版编目（CIP）数据

"四个统一"师德观研究：基于思想政治理论课教师的实践 / 陈吉鄂著. --北京：光明日报出版社，2021.7

ISBN 978-7-5194-6156-0

Ⅰ.①四… Ⅱ.①陈… Ⅲ.①高等学校—思想政治教育—教师素质—研究 Ⅳ.①G645.16

中国版本图书馆 CIP 数据核字（2021）第 111889 号

"四个统一"师德观研究：基于思想政治理论课教师的实践
"SIGE TONGYI" SHIDEGUAN YANJIU：JIYU SIXIANG ZHENGZHI LILUNKE JIAOSHI DE SHIJIAN

著　　者：陈吉鄂	
责任编辑：史　宁	责任校对：刘文文
封面设计：中联华文	责任印制：曹　净

出版发行：光明日报出版社
地　　址：北京市西城区永安路 106 号，100050
电　　话：010-63169890（咨询），010-63131930（邮购）
传　　真：010-63131930
网　　址：http://book.gmw.cn
E - mail：shining@gmw.cn
法律顾问：北京德恒律师事务所龚柳方律师
印　　刷：三河市华东印刷有限公司
装　　订：三河市华东印刷有限公司
本书如有破损、缺页、装订错误，请与本社联系调换，电话：010-63131930

开　　本：170mm×240mm	
字　　数：180 千字	印　　张：14.5
版　　次：2021 年 7 月第 1 版	印　　次：2021 年 7 月第 1 次印刷
书　　号：ISBN 978-7-5194-6156-0	
定　　价：95.00 元	

版权所有　　翻印必究

前　言

2016年12月，全国高校思想政治工作会议在北京召开，习近平总书记在会议上发表重要讲话，他强调，"高校思想政治工作关系高校培养什么样的人、如何培养人以及为谁培养人这个根本问题。要坚持把立德树人作为中心环节，把思想政治工作贯穿教育教学全过程，实现全程育人、全方位育人，努力开创我国高等教育事业发展新局面"①。在这次会议上，习近平提出了坚持"四个统一"的师德建设的重要观点，即高校教师应坚持教书和育人相统一，言传和身教相统一，潜心问道和关注社会相统一，学术自由和学术规范相统一，引领广大教师以德立身、以德立学、以德施教。

思想政治工作从根本上说是做人的工作，这一工作的根本目的是提高人们的思想道德素质，促进人的自由全面发展。政治理论课教师，在思想政治教育过程中，他们处于支配地位，发挥着主导作用，教师的知识水平、职业素养、道德品质的高低直接关系到思想政治教育活动实施的效果。思想政治理论课教师是铸魂育人的主体，是大学生健康成长的指导者和引路人，他们负有培育社会主义建设者和接班人的神圣职责，

---

① 习近平. 在全国高校思想政治工作会议上的讲话［N］. 人民日报，2016-12-09.

作为一支重要的教师力量,他们身上的责任重大,只有具备强烈的角色使命,具备高尚的师德、良好的师风才能担负起新时代党和国家对教育工作者的重托和培育中国梦建设者的重任。

本书基于马克思主义的立场、观点和方法,运用马克思主义基本原理作为本书的理论基础,围绕高校政治理论课教师的师德师风建设这一主题,采用多种研究方法对"四个统一"师德观的基础理论、教育价值、理论基础、掣肘要素以及实现路径进行全面而深入的探究,对当下思想政治理论课教师在发展过程中遇到的问题进行回应,以期通过挖掘这四个统一实现的路径和方法,来促进思想政治理论课教师综合素质的全面提升。具体而言,本书包括以下六个部分:

第一章,绪论。本章主要介绍本书的研究背景和研究意义,对国内外关于这一课题的研究现状进行综述,提出研究的基本思路和方法以及本书的创新点,作为具有铺垫作用的一章,为全书研究的展开奠定基础。

第二章,习近平提出"四个统一"师德观的理论概述。本章首先分别对"四个统一"师德观进行命题界定,确定"四个统一"的内涵和外延,厘清本书思路,为全书的研究做概念奠定;其次,深入分析"四个统一"师德观的实质,通过剖析其内在本质,挖掘其具有的意义和价值;最后,以价值论为落脚点,提出了"四个统一"师德观的目的价值,即以德立身、以德立学、以德施教。通过对"四个统一"师德观进行理论概述,加深对"四个统一"师德观的了解和认识,以达到从全面深入的角度理性理解"四个统一"师德观的目的。

第三章,"四个统一"师德观提出的马克思主义理论基础。本章回归马克思主义基本理论,分别论述了"四个统一"师德观提出的马克思主义理论基础，将教书和育人相统一、言传和身教相统一、潜心问道和关注社会相统一、学术自由和学术规范相统一分别对应马克思主义基本原理中的真理和价值相统一、感性和理性相统一、理论和实践相统一、自由和必然相统一，揭示了本书的马克思主义理论渊源，极大丰厚了本书的理论基础。

第四章，坚持"四个统一"师德观的思想政治教育价值。本章主要以思想政治教育为主线，深入挖掘坚持"四个统一"师德观对思想政治教育的价值。首先提出坚持"四个统一"师德观是完成新时代思想政治教育新使命的要求，明确了坚持"四个统一"师德观的必要性；其次，概括了坚持"四个统一"师德观是拓展新时代思想政治教育新功能、开创新时代思想政治教育新方法的必要途径，新时代就要有新思路和新方法，坚持"四个统一"师德观有利于开拓新时代思想政治教育的新局面；最后，提出了坚持"四个统一"师德观是提高新时代思想政治教育新实效的必然选择。通过全面阐述"四个统一"师德观对思想政治教育的价值，有助于帮助人们理解"四个统一"师德观理论的内在魅力，把握好践行"四个统一"的方向。

第五章，思想政治理论课教师践行"四个统一"师德观的掣肘因素。本章总结了实践中影响"四个统一"师德观践行的因素，从教书育人中"科学精神"与"人文精神"的脱节，言传身教中"知识传授"与"行为示范"的脱节，学以致用中"工具理性"与"价值理性"的脱节以及学术研究中"学术理想"与"学术规范"的脱节四个方面分别阐述了制约"四个统一"师德观实现的具体表现，为打破掣肘要素的牵制、排除外部因素的影响提供了实证意义上的参考与借鉴。

第六章，思想政治理论课教师实现"四个统一"的路径。本章是全书的重点，也是该课题研究的落脚点。基于上述对"四个统一"师德观的分析和探究，从马克思主义基本理论出发，结合思想政治教育活动的实施，提出了推进"四个统一"师德观实践的四条路径，即推动新时代"四个统一"的思想政治教育观念变革，加强思政课教师实现"四个统一"的意识自觉，完善思想政治理论课践行"四个统一"师德观的教育体系，培育思想政治理论课实现"四个统一"的教育生态环境，力图在实践中推动"四个统一"加快实现。

目 录
CONTENTS

第一章 绪 论 ·· **1**
  第一节 本书研究背景与意义 ·· 1
  第二节 国内外研究现状综述 ·· 9
  第三节 研究思路与方法 ··· 18
  第四节 本书的创新点 ·· 22

第二章 习近平提出的"四个统一"师德观的理论概述 ················· **25**
  第一节 "四个统一"师德观的命题界定 ··· 25
  第二节 "四个统一"师德观的思想实质 ··· 38
  第三节 "四个统一"师德观的目的价值 ··· 49

第三章 "四个统一"师德观提出的马克思主义理论基础 ············ **58**
  第一节 马克思主义的"真理与价值相统一"原理 ······························· 59
  第二节 马克思主义的"感性与理性相统一"原理 ······························· 67
  第三节 马克思主义的"理论与实践相统一"原理 ······························· 75
  第四节 马克思主义的"自由与必然相统一"原理 ······························· 83

第四章 思想政治理论课教师坚持"四个统一"师德观的思想政治教育价值 …… **93**

    第一节 完成新时代思想政治教育的新使命 …… 93

    第二节 拓展新时代思想政治教育的新功能 …… 102

    第三节 开创新时代思想政治教育的新方法 …… 112

    第四节 提高新时代思想政治教育的新实效 …… 123

第五章 思想政治理论课教师践行"四个统一"师德观的掣肘因素 …… **128**

    第一节 教书育人中"科学精神"与"人文精神"的脱节 …… 129

    第二节 言传身教中"知识传授"与"行为示范"的脱节 …… 137

    第三节 学以致用中"工具理性"与"价值理性"的脱节 …… 144

    第四节 学术研究中"学术理想"与"学术规范"的脱节 …… 151

第六章 思想政治理论课教师实现"四个统一"的路径 …… **157**

    第一节 推动新时代"四个统一"的思想政治教育观念变革 …… 158

    第二节 加强思想政治理论课教师实现"四个统一"的意识自觉 …… 166

    第三节 完善思想政治理论课教师践行"四个统一"师德观的教育体系 …… 175

    第四节 培育思想政治理论课实现"四个统一"的教育生态环境 …… 184

参考文献 …… 193

后　记 …… 217

第一章

绪 论

第一节 本书研究背景与意义

一、研究背景

在中国共产党第十九次全国代表大会上,习近平首次提出"新时代中国特色社会主义思想",同年,习近平新时代中国特色社会主义思想写入党章,2018年3月,这一思想载入宪法。这是我国发展新的历史方位,标志着我国进入到一个崭新的时代,一个新意盎然的时代。它意味着久经磨难的中华民族从站起来、富起来的基本需求到强起来、壮起来的民族愿望已经实现,实现中华民族伟大复兴的前景一片光明;意味着中国特色社会主义的道路、制度、理论和文化在当代不断发展,加快了我国走向现代化的步伐;意味着中国作为世界上最大的社会主义国家,走中国特色社会主义道路是成功之举,科学社会主义焕发出强大的生机和活力,为解决人类问题提供了中国智慧和中国方案。我国社会的主要矛盾由"人民群众日益增长的物质文化需要同落后的社会生产之间的矛盾"转变为"人民日益增长的美好生活需要和不平衡不充分的发展之间的矛盾",这一主要矛盾的变化意味着社会各个领域都将顺应时代的潮流和趋势发生极大的改变,政治领域、经济决策、民生问题、教育问题、文化创新等都在新时代的背景下,树立新的发展任务,明确新的发展目标。伟大的事业需要伟大的工程,在思想意识领域,同样需要与之相适应的、科学的思想体系的引导,在新时代的大背景下,研究习近平提出的"四个统一"师德观,探索教育体系的重要环节——高等教育的新问题,探究高校教师队伍中的重要力量——思想政治理论课教师的师德师风问题具有深刻的时代意义。

2016年12月,以习近平同志为核心的党中央召开了全国高校思想政治工作会议,会议上,习近平强调,"要坚持把立德树人作为中心环节,把思想政治工作贯穿教育教学全过程,实现全程育人、全方位育人"①。在会议中习近平还提出了思想政治理论课教师应坚持"四个统一"师德观,即坚持教书和育人相统一、言传和身教相统一、潜心问道和关注社会相统一、学术自由和学术规范相统一。"四个统一"师德观包含着十分丰富的思想内涵,它是加强师德师风建设的基本要求,是提升高等教育发展水平的重要步骤,是高校教师开展工作的指导原则。2017年又是中国的"思想政治教育学科质量年(简称思政年)",这一专项工作启动后,人们更加深刻地认识到思想政治理论课是立德树人的核心和灵魂,是全体教育工作者的神圣使命,尤其对于思想政治理论课教师来说,他们除了是人类文明的传承者、先进文化的传播者、党执政的坚定支持者,还是学生健康成长的指导者和引路人,他们身份的特

---

① 习近平. 在全国高校思想政治工作会议上的讲话[N]. 人民日报,2016-12-09.

殊性使其区别于其他专业课教师，在学生道德品质的养成、价值观的形成、人生方向与道路的选择和确立方面有着更为关键的角色使命。此外，教育部思政司不时举办的各种专题宣传活动、召开的各类思想工作会议、开展的各种道德作风建设无一不显示了党和国家对于思想政治工作的高度重视。"四个统一"师德观作为思想政治工作的一个关键举措，作为新时代对师德师风建设的呼唤，应当引起社会各界的重视，是一个值得研究和深入挖掘的新课题。

近年来，随着全球化范围的不断扩大，其广度和深度都在纵深方向上不断拓展，世界经济形势发展势头迅猛，世界范围内交往主体逐渐增多，不同国家之间的交往活动变得前所未有的丰富，人与人之间的距离随着科技的发展不断缩短。但是，全球化也带来了一定的负面效应，众所周知，西方在全球化进程中占据主导地位，这一方面决定了资本主义制度的绝对优势；另一方面又加快了西方对中国实施文化和意识形态的渗透，企图使中国的意识形态西方化，以和平的方式将社会主义演变为资本主义。以美国为首的西方国家通过各种方式和手段输出他们的社会制度、政治体制、价值观念、历史观念和宗教信仰，歪曲历史事实，污蔑共产党，攻击和丑化社会主义制度，动摇中国思想文化的根基，冲击我国的国家安全，尤其是对我国的青年群体，更是有一套专门的渗透体系。可见，意识形态领域的斗争十分严峻，必须采取相应的措施加以应对，意识形态安全建设应提升到国家战略层面上来。思想政治理论课教师是进行意识形态教育的主体，他们的思想观念正确与否，他们的业务水平、道德理想、政治信仰直接关乎他们所培养的大学生的政治方向。一个教师就是一个课堂，在课堂中，他们向学生所传授的东西决定了大学生能否形成正确的人生观和价值观，能否抵御西方势力的侵蚀，能否具备坚定的意志坚定不移地信奉马克思主义。因此对思想政治理论课教师提出一定的要求，从专业领域对他们进行管理和约束，激发他们的职业责任感和使命感，是帮助大学生抵御西方价值观入侵、维护我国大学生群体意识形态上的纯洁性的有效途径。

此外，近年来高校师德师风建设取得了明显的成效，绝大多数教师在努力充实自己、提高知识水平和业务水平的同时做到爱岗敬业、为人师表、率先垂范、无私奉献，高校教师的道德状况总体上呈现良好的态势。但是，与此同时，社会上不时爆出的个别高校教师的道德品质问题、学术问题、诚信问题令人触目惊心，甚至成为全社会关注的焦点。2020年12月，教育部在网站曝光了违反教师职业行为十项准则典型问题，问题老师虽在高校教师群体中并不常见，但这类群体的存在，玷污了作为学术精英、道德的示范者以及社会高级知识分子的高校教师的角色和名誉。俗话说"学高为师，德高为范"，这些人连最基本的职业道德都达不到，谈何让其实现育人、树人的价值追求。教育强则国家强，在中华民族实现伟大复兴的历史进程中，我们对高等教育的需要比以往任何时候都更加迫切；教师强则教育强，一个国家，只有具备优秀的教师队伍，才能提升教育的质量，才能增强国家的核心竞争力。国家教育部高度重视师德师风建设工作，针对群众反映强烈的突出问题，持续加大查处和通报力度，深化巩固师德师风治理成果。各地各校对师德违规问题要主动出击、及时处置，坚决执行师德师风铁律，把严管与厚爱的原则体现在师德师风建设与管理中，把"害群之马"及时清除出教师队伍，努力营造教育领域良好生态。① 在这一背景下，研究"四个统一"师德观，是研究师德师风建设新时代新要求的必然选择。

---

① 教育部. 违反教师职业行为十项准则典型问题 [EB/OL]. http：//www.moe.gov.cn/jyb_xwfb/gzdt_gzdt/s5987/202012/t20201207_503811.html, 2020-12-07.

二、研究意义

高校思想政治理论课教师既是新时代先进思想文化的传播者，又是学生健康成长的指导者和引路人。通过研究"四个统一"师德观的相关理论、命题实质、当代价值、理论基础、掣肘要素，探索推动思想政治理论课教师实现"四个统一"的具体路径，进一步提高高校思想政治理论课的教学质量，完善思想政治理论课教师的职业道德，提升我国高等教育的发展水平。在高校教师这一群体中形成完备的"四个统一"师德观，将促进教师以更加专业的行为、更加负责的态度投入到政治课教育教学实践中来，因此研究思想政治理论课教师坚持"四个统一"师德观具有重大的理论意义和现实意义。

（一）理论意义

第一，有利于丰富和发展马克思主义基本原理。本书以马克思主义基本原理中的相关理论作为本书的理论基础，分别与"四个统一"师德观相关联，探究"四个统一"师德观的马克思主义理论渊源。对思想政治理论课教师坚持"四个统一"师德观进行研究，有利于深化马克思主义中唯物论、认识论、辩证法以及人的自由全面发展理论与中国新的时代特征相结合，丰富和发展了马克思主义理论，并不断创新出新的理论，从而指导我国的现实实践。这不仅丰富和发展了马克思主义基本原理，还加深了马克思主义与当代中国国情相结合，深化了中国特色社会主义的相关实践。

第二，有利于思想政治教育相关理论的丰富和创新，提升思想政治教育的科学性和实效性。"四个统一"师德观是师德师风建设的时代要求，师德师风建设的好坏直接影响我国思想政治教育的实效性。本书研究的重要内容就是探讨如何用好政治理论课这个主渠道，优化思想政治理论课教师的师德师风问题，如何推动教师在教学育人的过程中具备一种强烈的意识自觉，如何促进"四个统一"师德观在思想政治教育过程中发挥出自身的内在价值，而上述种种，都是对思想政治教育理论的丰富和发展。"四个统一"师德观的应用主体是高校教师尤其是思想政治理论课教师，思想政治理论课教师又是进行思想政治教育活动的主体，是意识形态的传播者、学生品德的培养者。因此，思想政治理论课教师形成并坚持"四个统一"师德观，有利于思想政治教育的价值持续发挥作用，提升思想政治教育工作的科学性和实效性，有利于我国思想政治教育理论的丰富和创新。"四个统一"重要论述是思政课改革和建设的时代要求，是我国高校长期思政课发展规律的科学总结。随着经济社会发展与变革的不断推进，我国高校的思政课建设面临着诸多新考验和新挑战，这些问题往往关系到我国高等教育的发展，并对我国如何培养社会主义接班人产生一系列重要影响。因此，深刻理解和深入贯彻"四个统一"重要论述，有利于我国高校思想政治理论课教师总结课程发展规律，站在推动社会主义教育事业发展的历史高度，构建以"四个统一"重要论述为助力支撑的思想政治教育课建设体系，协调国家、社会和个人的价值取向，解决目前思政课存在的问题。

第三，有利于加深对社会主义核心价值观的认识和理解。社会主义核心价值观为新形势下我国思想政治教育工作的推进提供了理论依据，也对思想政治工作的进一步开展提出了基本要求。作为意识形态建设和思想文化建设的重要手段，思想政治教育必须紧紧围绕党和国家的中心目标展开，要充分反映社会主义核心价值观所体现的价值尺度和价值追求。对思想政治理论课教师来说，坚持"四个统一"师德观，坚守良好的职业道德，积极担负自己的角色责任与使命，向学生传播正确的思想观念，不断提高学生的思想水平、政治觉悟、道德品质、文化素养，使他们形成正确的世界观、人生观、价值观，引导他们为现代化建设积极奋斗的同时激励自己不断改进和完善教育教学方法，满足学生成长和发展的需求与期待，逐步形成一支兢兢业业、甘于奉献、奋发有为的高校思想政治工作队伍，就是践行社会主义核心价值观的积极表率，这种以身作则的做法有利于带领整个社会形成一种积极向上的良好氛围，有利于加深学生对于社会主义核心价值观的认知和理解。

（二）现实意义

第一，有利于把握"立德树人"这一中心环节，提升高等教育的质量。2016年高校思想政治工作会议上，习近平提出立德树人是高等教育的中心环节，此处的"德"，除了指帮助学生树立的良好道德，也包含着高校教师自身的职业道德。习近平指出：传道者自己首先要明道、信道，换句话说，教育者要想帮助受教育者形成社会要求的道德品质，他自身首先要有良好的德行，广大教师只有以德立身、以德立学，才能以德施教、以德树人。对于思想政治理论课教师来说，只有坚持教书和育人相统一、言传和身教相统一、潜心问道和关注社会相统一、学术自由和学术规范相统一，根据自己的角色责任对自身提出要求，自我管理、自我约束，才能够在实际工作中把握好立德树人的根本要求，为新时代培育德智体美全面发展的社会主义事业建设者和接班人。而"高质量的教师决定高质量的教育，高质量的教育才能培养高质量的人才"[①]。一个随时随地能以"四个统一"的标准要求自己的老师，必然

---

① 赵培举.加强师德师风建设 培养高素质教师队伍［J］.中国高等教育，2013（13）：66.

是一个优秀的知识传播者、智慧启迪者、文明传承者、人格影响者、道德示范者，在这样的思想政治理论课教师的影响下，我国高等教育的质量必然大幅提升。

第二，有利于提高思想政治理论课教师的职业道德，完善教师队伍建设。"四个统一"是师德建设的时代要求，一个能够坚持"四个统一"师德观的思想政治理论课教师，他能够明确自己的责任和义务，坚守自己的内心，将"四个统一"内化于心，在教学中、在育人中、在学术中、在关注社会中外化于行，以严格的标准自我要求，对学生负责、对国家负责，这样的教师势必是具有良好职业道德的教师。因此，研究"四个统一"理论，挖掘理论的深刻内涵和思想实质，从而用它来指导思想政治理论课教师的现实实践。根据马克思主义唯物史观中社会意识反作用于社会存在原理，正确的社会意识对社会存在具有积极的促进作用。"四个统一"师德观作为新时代促进师德师风建设的着力点，作为引领高等教育的科学的思想体系和指导原则，将会对高校教师尤其是思想政治理论课教师产生巨大的影响。只有坚定不移地践行"四个统一"师德观，在实践中掌握和应用"四个统一"师德观，才能对学生思想道德品质的形成和发展提供示范作用。思想政治工作本质上是做人的工作，这一工作进行得不好不但影响教学效果和教学质量，而且还影响学生心理品质的形成和发展，从而影响整个社会的进步。因此，"四个统一"师德观将会带动思想政治理论课教师反省自身、自我优化，不断提高工作能力和水平，完善自身的职业道德修养，从而优化当前思想政治理论课教师队伍，为教师队伍建设提供精神保障。

第三，有利于增强国家的核心竞争力，助力中华民族伟大复兴"中国梦"的实现。在全国高校思想政治工作会议的讲话中，习近平指出"教育强则国家强"，高等教育发展水平是一个国家发展水平和发展潜力的重要标志，也是国家综合国力和核心竞争力的重要表征。当今社会，国家之间的竞争不再是单纯的经济竞争，在西方企图"西化""分化"中国的图谋下，文化和科技的竞争显得愈加重要，而只有增强教育的发展水平，文化的传承和科技的发展才有希望，我国才能在激烈的国际竞争中稳固根本，提升国际地位。这就对我国的教育尤其是高等教育提出了更高的要求，以应对其他国家的挑战，增强我国的核心竞争力。教师是实施教育活动的主体，是提高高等教育质量的决定因素，因此提升高校教师的素质是提高高等教育质量的必由之路。高校的教师都能够践行"四个统一"师德观，并以此来严格要求自己，秉持着高度的责任感和使命感对待工作，做好大学生健康成长指导者和引路人的角色，才会引导大学生朝着社会需要的方向努力，才会为社会的良性发展培育更多的卓越人才，社会主义现代化建设才会有强大的人才后盾，中华民族伟大复兴的目标才会稳步实现。

第二节　国内外研究现状综述

一、国内研究现状

国内的学术成果大多比较关注对师德师风建设、高校教师职业道德和思想政治教育创新等的研究，由于"四个统一"师德观提出的时间较短，学术界尚未对其进行全面和详尽的探究。在中国知网上通过关键词进行检索，以"四个统一"为研究对象的学术文献只有364篇，在全部学术文献中，涉及哲学、党史、农业、电力、医学、财会等多种学科，并且在这之中，没有一篇是硕士或者博士论文，可见学界对"四个统一"师德观还没有形成专业的、深入的研究成果。而"四个统一"师德观无论就其理论价值还是现实意义来说都是一个值得钻研的课题，思想政治理论课教师只有以"四个统一"师德观为指导，才能完成新时代思想政治教育的新使命。基于本书的研究需要，作者对与此课题相关的学术成果进行概括和总结，将其划分为以下几个方面：

（一）对"四个统一"的概念进行整体或分别解读

概念的解读与释义是澄清概念内涵和外延的重要步骤，只有首先明确命题的概念，才能认识到它的功能、价值和作用。在作者搜集到的文献当中，有少数几篇是涉及对"四个统一"概念的内涵进行解读的，如学者刘建军撰写了《论师德师风建设的"四个统一"》，提出了人民教师的神圣使命与师德师风建设的重大意义①，分别对教书和育人相统一、言传和身教相统一、潜心问道和关注社会相统一、学术自由和学术规范相统一进行了详细的解释。学者杨胜才在其学术论文《高校师德师风建设应着眼于"四个统一"》，提出坚持"四个统一"是高校师德师风建设的着力点②，他还将"四个统一"的基本要求概括为用情教书用心育人、学高为师身正为范、立学为民治学报国、务实求真守纪担责，用实践上的具体规范对思想政治理论课教师提出期望和要求。此外，还有张慧撰写的《坚持"四个统一"，树立良好师德师风》中也对"四个统一"师德观的内涵进行了总结概括，她认为"四个统一"师德观不仅仅代表着高校教师的职业素养和操守，往往也彰显着一所高校的

---

① 刘建军. 论师德师风建设的"四个统一"[J]. 中国高校社会科学，2017（02）：11.
② 杨胜才. 高校师德师风建设应着眼于"四个统一"[J]. 学校党建与思想教育，2018（02）：47-48.

校风，进而影响着整个教育界的学风和教风。按照建设中国特色社会主义教育的新目标，坚持立德树人的新方向，合情合理地规划师德师风建设是发展教师队伍的头等大事①。吴莎撰写的《"四个统一"视域下高校师德建设现状与对策研究》中对我国高校师德建设存在的问题进行了剖析，力图通过对问题的关注挖掘"四个统一"师德观的真正内涵，提出有建设意义的师德师风完善的对策。当前学术界对"四个统一"师德观较为规范和系统的研究成果主要包含上述这些，但是这些成果对新时代思想政治理论课教师的指导是远远不够的，要规范思想政治理论课教师的教学行为、促使他们审视自身的问题、迎接新时代思想政治教育的新挑战，还需要更多有价值的理论的指导。

（二）对师德师风建设的研究

思想政治理论课教师是先进思想文化的传播者、党执政的坚定支持者和大学生健康成长的指导者和引路人，思想政治理论课教师这一重要的社会角色和职业特性决定了其职业道德对大学生成长和发展的关键作用。一个具有良好师德师风的教师，必然会为学生树立榜样示范的作用，以自身的高尚道德和仁爱之心为大学生的思想和行为树立行动的楷模，因此对思想政治理论课教师的师德师风建设进行研究以加速教师良好道德的形成十分关键。学界对师德师风建设的研究成果主要有韩泽春、王秋生的《社会主义核心价值体系下师德师风建设》，赵培举《加强师德师风建设 培养高素质教师队伍》，史晓东《以师德师风建设提升大学生思想政治教育质量》和周杰的《从文化视角谈高校师德师风建设》，论文从社会主义核心价值观、思想政治教育的实效性以及文化

---

① 张慧.坚持"四个统一"，树立良好师德师风[J].三峡大学学报（人文社会科学版）2017, 39 (S2), 12-13.

等不同视角下探讨师德师风建设的重要意义。另外,还有很大一部分硕士论文如郑魏静《当前我国高校师德师风建设研究》和崔胜利《师德师风建设研究》也在关注并探究师德师风建设的课题,形成了比较丰富的研究成果。但是,国内关于师德师风建设的研究成果主要是以硕士论文和期刊的形式出现的,博士论文涉及这一课题的成果相对较少,以"高校教师职业道德"为关键词检索,只有张艳《高校教师思想政治教育研究》、盖逸馨《价值多元背景下高校青年教师价值观研究》和许烨《当代高校教师职业伦理及其建构研究》等寥寥几篇,尚未形成丰富、系统的成果体系。

(三) 对高校思想政治教育问题的研究

学界关于这方面的研究成果还是十分丰富的,一是因为党和国家对思想政治教育的重视程度随着社会的发展逐渐提升,思想政治教育在国家发展和社会进步中的重要价值逐渐显现;二是思想政治教育以马克思主义为指导思想,而马克思主义理论是科学的、真理性的理论体系,它揭示了人类社会的发展规律,为人类指明了实现自由和解放的道路,是博大精深、常学常新的伟大理论,是不断发展的开放的理论,必须随着时代的发展不断更新和完善,以实现思想政治教育为社会主义现代化建设服务的功能;三是关于思想政治教育视域下任何课题的探究都不能忽视对思想政治教育基础理论的研究,这是学科发展的根本,是拓展思想政治教育影响力的关键。学界对思想政治教育的研究囊括的内容十分庞大,与本书直接相关的研究一是思想政治教育者,即思想政治教育者的行为对思想政治理论课实效性的保障。教育者是思想政治教育的主体,他们的思想和行为对思想政治教育的效果起着最直接的作用,研究思想政治教育者的人的因素对教育活动的影响是基础和首要的途径,开展这方面研究的学者主要有王学俭、郑永廷等人,这些学者或是以"多维空间视域下思想政治教育研究",或是以"思想政治教育基础理论研究综述"的形式对思想政治教育活动中"人"的因素进行分析,以挖掘思想政治理论课教师对思想政治理论课实施的重大价值,博士论文中有张小秋的《学生思想政治教育主体研究》,提出了"学生主体"思想政治教育的创新形式;二是思想政治教育的方法研究。方法是实现目标的根本,倘若没有正确的方法来推动和保证思想政治教育活动的展开,那么即便订立了目标也是举步维艰、难以实现的,不同学者通过思想政治教育方法创新、方法构建等探讨教育方法对教育实效性的保证,主要成果有魏强《思想政治教育方法研究的"瓶颈"与创新》,万美容《思想政治教育方法论进展研究》,祖嘉合《思想政治教育方法理论研究回眸与展望》,张毅翔《思想政治教育方法创新思维趋势探微》和任志锋、杨晓慧的《大学生思想政治教育方法模式转换的历史轨迹与发展趋势》等,以硕士、博士论文形式出现的关于思想政治教育方法的研究成果也是十分丰富的,研究者通过界定不同视域环境如国家治理现代化、交往视域、互联网视域、大数据时代的背景下思想政治教育方法的应用、创新、转型和路径进行分析与论证,力图提出符合时代发展特征和社会发展要求的思想政治教育的新方法;三是关于思想政治教育价值研究。随着时代的发展,社会对于思想政治教育价值的认识越来越深刻,学术界从2007年开始大范围地出现关于思想政治教育价值的学术成果,这些成果通过深入挖掘思想政治教育的理论价值、实践价值、个体价值、社会价值以及价值实现等内容极大地拓展了思想政治教育的价值影响,增强了社会范围内对思想政治教育价值的认识。学术界的关注也引起国家和社会对思想政治教育的重视,在党的十八大、十九大会议中,在宣传思想工作会议中、在全国高校思想政治工作会议中都大力强调思想政治工作的极端重要性。这些成果中较有影响力的主要包括：李辉《思想政治教育价值与功能研究进展》，杨建义《个体价值：思想政治教育价值的基本向度》，赵自力《思想政治教育价值论研究综述》，项久雨《思想政治教育的价值理性》和杨彦斌、陈勇的《从话语模式到生活模式：30年来思想政治教育价值研究模式建构》等，这些成果大都比较关注对思想政治教育价值的逻辑建构、自理机制和实现路径的研究，如杨彦斌、陈勇在其论文中提出"将价值列入思想政治教育的研究论域，不仅是社会历史发展的学科关照，更是思想政治教育学科发展的历史选择"①。

4. 对习近平有关教育重要论述的研究

自党的十九大报告中将"习近平新时代中国特色社会主义思想"写入党章并载入宪法以来，学术界也开始对这一思想的内在逻辑、建构原则、理论精髓、精神实质、构成部分和现实意义展开研究，以发挥理论改造现实世界的强大思想武器的作用，深入挖掘习近平新时代中国特色社会主义思想的终极价值。其中，对习近平有关教育重要论述的研究是比较集中的，这些成果以敏锐的视角、新颖的选题和独特的切入点对习近平有关教育重要论述进行宏观审视和微观剖析，探究这一思想的时代意义。主要成果有：杨志成《中国特色社会主义教育学理论体系发展的新境界——习近平教育思想研究》、张瑞敏《习近平教育现代化思想之人本内涵探析》、梁玉春《习近平教育思想研究》等，硕士、博士论文更是具有一大批研究者对习近平教育观、教育现代化、青年教育、思想政治教育、理想信念教育、意识形态建设思想进行详尽的研究，研究成果可谓不尽丰硕，从思想政治教育学科来讲也具有十分重要的现实

---

① 杨彦斌，陈勇. 从话语模式到生活模式：30年来思想政治教育价值研究模式建构[J]. 中国教育学刊，2015（07）：86.

价值，对于指导学科建设、开展思想政治教育、强化观念教育、培育时代新人等都具有较大的指导意义。习近平新时代中国特色社会主义教育的根本问题、根本保证、根本立场、初心使命、发展定位、办学方向、总体要求、工作目标、第一标准和评价导向这十个方面的原创性贡献，构成了习近平总书记有关教育重要论述的核心要义。这十个方面统筹国际国内两个大局，立足党和国家工作全局，对事关中国教育发展的方向性、根本性、战略性问题作出顶层设计，是马克思主义基本原理同中国教育实际相结合的最新成果，开辟了马克思主义教育思想中国化的新境界，标志着我们党对教育规律的认识达到了新高度，形成了新时代中国特色社会主义教育理论体系，为加快教育现代化、建设教育强国提供了根本遵循和行动指南①。以"习近平思想政治教育"作为关键词在中国知网进行检索，可以检索出793篇硕博论文和8318篇期刊论文，从这些数据可以显示当前学术界对习近平教育思想的重视程度。

二、国外研究现状

"考察某种活动，不能只看他有没有某个名称，而要看他所指的事物是否确实存在"②，在中国，"四个统一"师德观作为一种客观存在，服务于党和国家的思想政治教育工作，是对思想政治理论课教师行为规范的指导原则。但是，在不同的国家，可能因为社会制度和意识形态的不同而名称各异，在国外，往往将其概括为教师职业道德、教师伦理等。思想政治教育是统治阶级为巩固自己的统治、维护社会稳定、培养

---

① 王占仁. 习近平总书记教育重要论述的原创性贡献［J］. 国家教育行政学院学报 2020，(11)，3-12.
② 陈万柏，张耀灿. 思想政治教育学原理［M］. 北京：高等教育出版社，2012：5.

合格的社会成员进行社会教化的一个重要的方面，思想政治教育的实施是任何一个国家都非常重视的问题，尽管"思想政治教育"一词在国外出现的频率较低，但是这并不意味着其他国家不重视这一问题，相反它以其他形式存在于教育、政治的各个环节，重视程度非常之深。基于本书的研究需要，作者大致将国外关于此课题的学术成果划分为以下三类：

第一，关于教师职业道德或教师伦理规范的研究。其中最具代表性的国家就是美国，早在1869年，美国佐治亚州教师协会就颁布了专门的教师伦理规范，在此之后，美国各个州相继效仿，纷纷颁布。1929年美国通过了"教学专业伦理规范"，在1941年和1952年进行过两次专门修订，并于1968年美国国家教育协会正式制定《教育专业伦理规范》，并已经成为其他各国效仿的范本。美国十分重视教师道德对学生的影响，它制定的一些伦理规范涉及的内容十分广泛，对教师的规范和约束十分严苛，具有很强的针对性和实践性。近年来，我国翻译并引入的国外教师职业道德的文献主要有：斯特莱克、索尔蒂斯著的《教学伦理》，理查德·迈·英格索著的《谁控制了教师的工作》，伊丽莎白·坎普贝尔著的《伦理型教师》，麦金泰尔与玛丽·约翰合著的《教师角色》和佐藤著的《课程与教师》等。在《教师角色》一书中，作者阐述了教师作为组织者、交流者、激发者、管理者、咨询者、伦理者、职业角色、政治角色等多重角色，并提出教师作为伦理者角色的三个核心能力，即学校价值与伦理原则、教师的期望与判断、在社会中教育与学校的角色，意在督促教师重视自身的伦理角色，发挥伦理示范的社会作用。

第二，对公民道德教育的研究。有学者指出"在参与公共事务、承担公共职责的过程中，人类的德行和美好生活才能得以体现"，因此需要对公民进行道德教育，以提升公民参与政治决策的理性。对于高等教育来说，在其培养社会公民的过程中，必须使得每个公民都同时具备两种能力，即"一是追求其独特价值理想的能力，二是选择、同意和服从理性和正义的能力"，高校大学生只有在特定的历史文化传统和特定的价值观念范畴中才能获得发展的意义，公民道德主体成为负责任的存在者的必要条件就在于特定的社会文化之中。美国学者威尔曼对公民教育的目的进行概括论述"公民教育的目的不是追求真理，而是陶冶社会成员的道德人格，使其能在所属的政治社群中，有效地实现个人的生命理想，并因此而获得强化并支持其社群"①。在西方的高校公民道德教育中，即使自由主义是其社会制度下努力的基本方向，但这并不否认核心理念在一个民主国家的重要地位，在自由主义教育中也承认在一个多元的自由社会里可以确认核心的公民能力，国家有义务保障这种"核心理念"的传播，而这正是道德教育的主要内容。换句话说，在西方社会中，并不排斥政治价值或政治导向在高校公民道德教育中的作用，只是他们更加习惯用社群主义、自由主义等表达他们对于"人"的价值的关注，实际上人的社会性已然决定了人的公民性、政治性、道德性辩证存在于人的思想意识之中了。此外，关怀理论也是提升公民道德的重要理论，关怀理论的发展强调教师对学生的关怀，以教会学生关心人为目的，把学会关心人作为公民道德教育的首要目标。"这一理论将教师与学生的关系优化为一种关心与被关心的关系，其着重点在于关心精神的培养。他通过榜样、对话、实践、认可四个步骤环环相扣、相互促进来实现，是一种以人为本、主张重返生活、注重情感的教学理论"②。这些德行都有利于公民在社会中自由地发展，并实现公民的道

---

① GALSTONW A. Moral Personality and Libery Theory [J]. Political Theory, 1982: 10.
② 雷琴. 思想政治教育理论课推进立德树人手段的中外比较研究 [D]. 成都: 电子科技大学, 2015: 13.

德理想及责任。国外学者一致认为，高校是培养社会公民的最佳场所，教师是培养公民道德的重要主体。

第三，对大学德育课程的研究。国外高校对大学生开设了一些道德文化、教育文化和文化哲学等方面的课程，然而关于这些课程的研究资料并不多。西方道德教育领域十分重视德育课程理论与实践的研究，并在实际教学活动中很好地贯彻了重视德育教育的基本原则。国外没有思想政治教育这一名词，但是他们将对德育的研究建立在教育学、心理学、哲学以及社会学的基础之上，并认为"道德教育是一门科学"，在教育领域十分强调德育课程的作用，他们认为"把道德教育作为一门附件或边缘性课题来对待只会招致灾难"。另外，国外的德育教学十分重视对教学方法的研究，重视德育课程形式的多样性，通过偶发课程、整合课程、宗教教育等综合运用，强调对学生进行全面的价值教育，强调资本主义意识形态教育。他们注重德育教学的价值、德育教学的实践方式、德育教学的改革，强调"通过各种活动进行德育教学"，在日常教学实践中灌输着道德教育的重要性。

第三节 研究思路与方法

一、研究思路

本书以"基础理论概述——理论基础解读——理论价值归纳——掣肘要素分析——实践路径提出"为逻辑脉络和行文主线，依托马克思主义基本原理中相关内容，将思想政治教育与马克思主义科学理论相结合，探索新时代背景下高校思想政治理论课教师坚持"四个统一"师德观，立德树人、勇担使命的角色担当。具体而言，本书的研究思路主要包括以下几个方面：

首先，介绍选题的研究背景和研究意义、国内外研究现状综述、研究方法和研究思路以及研究的创新点和不足之处。以综述和简介的形式展开分析，为后文的深入研究形成铺垫。其次，将"四个统一"师德观展开，作为四个独立要素进行详尽研究。作为基础性研究，这部分主要对"四个统一"的命题界定、思想实质和目的价值进行探析，以剖析"四个统一"的理论内涵和现实价值，为后文提供理论支持。然后，通过追本溯源，回归马克思主义基本原理，从原理中寻找"四个统一"师德观的理论基础。将"四个统一"师德观依次对应真理和价值相统一、感性和理性相统一、理论与实践相统一、自由和必然相统一，既实现了与马克思主义哲学理论的深度结合，又有着理论自身发展的规律性和科学性，为将"四个统一"理论扎实推进、深入贯彻提供理论指导。之后，探讨在新时代"四个统一"师德观对思想政治教育的价值，即"四个统一"师德观满足思想政治理论课教师进行思想政治教育活动需要的能力。从完成新时代思想政治教育的新使命、拓展新时代思想政治教育的新功能、开创新时代思想政治教育的新方法以及提高新时代思想政治教育的新实效四个方面，结合新的时代特征，论述"四个统一"师德观的价值。再次，研究影响"四个统一"师德观实施的现实要素，通过分析"四个统一"中每个统一实现过程中的问题，提出了教书育人中"科学精神"与"人文精神"的脱节、言传身教中"知识传授"与"行为示范"的脱节、学以致用中"工具理性"与"价值理性"的脱节、学术研究中"学术理想"与"学术规范"的脱节四个方面的问题，破解这些影响因素，寻找解决问题的途径，为探索具体的解决路径提供有益的启示。最后，通过观念变革、加强教师的意识自觉、完善思想政治理论课教育体系、培育思想政治理论课的生态环境四个层面探索"四个统一"师德观的实现路径，以达到促进思想政治理论课教师综合能力的目标。

二、研究方法

科学的研究方法是进行深入研究、达成目标的有力武器，也是本书开展的有效保证。选择科学而恰当的研究方法，是决定研究成败的关键。本书在坚持马克思主义立场和观点的基础之上，综合运用了多种研究方法对"四个统一"师德观进行深入而细致地探究，具体而言，包括以下几种：

1. 文献研究法。"四个统一"师德观是习近平对高校思想政治理论课教师提出的一个指导思想，它不仅关乎师德师风建设，关乎思想政治教育活动实施的效果，还关乎高等教育的发展水平，关乎国家核心竞争力的形成。因此，作为一个重要的时代课题，在本书写作过程中必须查阅大量的相关文件并对其进行分析和研究，为本书的进行提供方向和内容上的指导。作者进行的文献研究包括：马克思主义基本原理、思想政治教育基本理论、高等教育的相关理论、师德师风建设的相关理论等。在此基础上，还需要收集国内外关于此课题的相关论文、书籍和期刊，通过对已有资料的分析、整理、归纳和系统学习，进行反思性的批判借鉴，加深对"四个统一"师德观的认识和理解，提高本书研究的科学性。

2. 比较研究法。本书对"四个统一"师德观与此前国家规范思想政治理论课教师的相关做法进行比较，将当前新时代背景下高校教师践行"四个统一"与进入新时代之前的做法进行比较,将思想政治教育的新功能、新方法以及新实效的发挥与该思想提出前进行比较,将国外对高校教师的要求与国内进行比较,通过上述比较,发现"四个统一"师德观的价值,优化思想政治理论课教师的行为。总的来说,本书既有横向比较的运用,又有纵向比较的应用。比较研究法的使用,对获得该研究课题的全面深入的了解,得出科学的结论提供了经验借鉴。

3. 历史分析法。本书从历史发展的角度分析了"四个统一"师德观提出前后国家对师德师风建设、对教师队伍建设的不同观念和做法,阐释了"四个统一"师德观提出的必要性和重要性,并揭示了"四个统一"师德观对新时代思想政治教育的创新、对提升高等教育发展水平的重要价值,最终概括出"四个统一"师德观的实践路径,为未来思想政治理论课教师坚持和践行"四个统一"提供路径支持。新时代本身就从属于历史的范畴,是在历史发展进程中区别于前一个历史时期的发展阶段,书籍研究中历史分析法的运用,增强了"四个统一"师德观的时代特征。

4. 价值分析法。价值分析法是社会科学研究中常用的一种方法,在本书的研究当中,作者也使用了这一方法。首先,"四个统一"师德观是师德师风建设的时代要求,开展师德师风建设对整个社会的价值不言而喻;其次,"四个统一"师德观本身具有目的价值,对于引领思想政治理论课教师以德立身、以德立学、以德施教都具有极大的现实意义;再次,本书的研究所依托的马克思主义理论基础,仍然是最科学的理论体系,在当代社会仍然焕发出强大的生命力;最后,思想政治理论课教师坚持"四个统一"对于思想政治教育价值的发挥具有决定作用,从某种程度上来说,甚至是能否实现"新征程"的精神动力的重要环节。运用价值分析法,挖掘选题的时代意义,有利于深入探究"四个统一"师德观的时代价值。

5. 多学科交叉法。高校思想政治理论课教师坚持"四个统一"师德观研究是一个横跨多学科、覆盖知识面广、影响范围深远的综合性的理论和实践问题。"四个统一"师德观对思想政治教育价值的发挥中涉及思想政治教育的目标、功能、方法等，运用了思想政治教育中的有关知识；而对"四个统一"师德观的理论基础进行总结的时候，又涉及哲学、马克思主义理论的有关知识；探讨"四个统一"实践路径的时候，既运用了教育学、伦理学的知识，又涉及了心理学、社会学的内容。本书的研究运用了不同学科的知识进行交叉分析，以期能够全面探究"四个统一"师德观的实践路径，增强研究成果的科学性、实效性和影响力。

第四节　本书的创新点

第一，本书结合新的时代背景，以全新的视角，全面系统地研究了高校思想政治理论课教师坚持"四个统一"师德观的有关理论。新时代的到来迫切需要与之配套的理论来指导现实的实践，人们的思想观念也亟待更新以适应时代的新要求。"四个统一"师德观是思想政治教育领域规范思想政治理论课教师的指导原则，它以科学的内容体系、全面的行为规范、系统的实践指导对思想政治教育实效性的保证持续发力。目前，关于新时代思想政治教育的研究并不多见，深入研究"四个统一"师德观的成果更是少之又少，本书围绕思想政治理论课教师坚持"四个统一"这一选题，从理论概述、时代价值、理论基础、掣肘要素等方面进行全面而深入地探究，以马克思主义基本原理中的相关理论为逻辑起点，通过分析影响"四个统一"实现的主客观因素，提出具体的解决对策，在此基础上从心理学、教育学、思想政治教育等多学科中提出"四个统一"的实践路径。

第二，本书提出了"四个统一"师德观的马克思主义理论基础，在借鉴马克思主义理论成果的基础之上，丰富和发展了马克思主义在当代中国的实践。习近平在2018年5月4日纪念马克思诞辰200周年大会上的讲话中提到"马克思主义极大推进了人类文明进程，至今依然是具有重大国际影响的思想体系和话语体系，马克思至今依然被公认为'千年第一思想家'，马克思主义具有源源不断的思想价值，是博大精深、常学常新的理论体系，是科学的、人民的、开放的、时代的伟大理论"[1]。人民日报评论员的文章称"在中国步入新时代的今天，马克思的学说仍然闪烁着耀眼的真理光芒"。本书将"四个统一"分别对应马克思主义理论中四个基本原理，即真理和价值相统一的原理、感性和理性相统一的原理、理论和实践相统一的原理以及自由和必然相统一的原理，从马克思主义中寻找理论基础，作为本书的理论支撑，从中汲取科学智慧和理论力量，推动了马克思的学说常学常新，丰富和发展了马克思主义在当代中国的实践。在这过程中，对马克思主义的重新学习与探究，也提高了作者运用马克思主义分析和解决实际问题的能力。

第三，本书提出了推动思想政治理论课教师坚持"四个统一"师德观的实践路径，对思想政治理论课教师的行为具有指导意义。本书从推动新时代"四个统一"的思想政治教育观念变革、加强思想政治理论课教师实现"四个统一"的意识自觉、完善思想政治理论课践行"四个统一"师德观的教育体系以及培育思想政治理论课实现"四个统

---

[1] 习近平. 在纪念马克思诞辰200周年大会上的讲话[N]. 人民日报, 2018-05-04.

一"的教育生态环境等角度出发，坚持理论和实践相结合，知、情、意、行相结合，观念变革和体系建构相结合，国家带动和个体主动相结合，从规范和引导思想政治理论课教师言行的层面，比较全面地分析了"四个统一"师德观实践的具体路径。作为当前最具时代特色的指导思想政治理论课教师的理论原则，坚持和践行"四个统一"师德观将对高校教师尤其是思想政治理论课教师具有重大的指导意义。

第二章

习近平提出的"四个统一"师德观的理论概述

研究思想政治理论课教师坚持"四个统一"师德观,必须对"四个统一"进行基本理论概述,以达到对这一理论全面而深入的了解。首先通过对"四个统一"命题的界定,明晰它们的概念和基本规定,正确把握思想政治理论课教师坚持"四个统一"的内容和核心要素。在确立概念的基础之上,深度挖掘"四个统一"的思想实质,以抓住理论最深层、最核心的东西,继而分析"四个统一"师德观的目的价值,探索"四个统一"对高等教育、对立德树人的终极价值,对本书的整体研究具有提纲挈领的意义。

第一节 "四个统一"师德观的命题界定

一、"坚持教书和育人相统一"的命题界定

"四个统一"中,教书育人是排在第一位的,之所以排在第一位,是因为它在教育事业中最具有代表性,能够从整体上体现教育事业的目

标和特点。学者杨克平将教书育人概括为"高校教师职业道德的真谛"①，习近平在9月10日召开的全国教育大会上也指出"做老师就是要执着于教书育人，有热爱教育的定力、淡泊名利的坚守"②。所谓"教书育人"是指教师在传授专业知识的同时，以自身的道德行为和人格魅力，言传身教，引导学生寻找自己生命的意义，实现人生应有的价值追求，塑造自身完美的人格。③ 教书育人是大学的基本职能之一，也是教师的崇高职责。"教育的本质是人的健康成长和个性人格的全面发展，教育应把人作为有灵性、有思维能力、有丰富情感和有自我价值追求的人"④。高校是开展大学生思想政治教育的主阵地，政治理论课是对大学生进行思想政治教育的主渠道，高校思想政治理论课教师是对大学生进行思想政治教育的主导者。作为思政课的组织者和实施者，相比其他专业课教师，他们负有更重要的教书和育人的职责，"能否自觉地做到教书育人，是衡量教师职业道德水平高低的重要标志"⑤。

《礼记》曾讲，"师者也，教之以事而喻诸德也"，即为师者，既要教学生以"成事之理"，又要使学生明确社会的道德，使他们的行为规范符合社会运行的规律和要求。思想政治理论课教师身为高校教师，不仅要用渊博的知识、扎实的专业功底去教育和引导学生，还要把握立德树人的基本要求，帮助学生培育良好的道德品质。在今天，教育仍可以

---

① 杨克平，付晓燕. 教书育人：高校教师职业道德的真谛［J］. 中国高等教育，2007（01）：52.
② 习近平. 在全国教育大会上的讲话——坚持中国特色社会主义发展道路 培养德智体美劳全面发展的社会主义建设者和接班人［N］. 人民日报，2018-09-10.
③ 郑永廷. 把高校思想政治工作贯穿教育教学全过程的若干思考——学习近平在全国高校思想政治工作会议上的讲话［J］. 思想理论教育，2017（01）：23.
④ 程德慧. "问道、明道、信道、传道"——新时代高校思想政治理论课教师发展的内在逻辑［J］. 周口师范学院学报，2018（04）：138.
⑤ 杨克平，付晓燕. 教书育人：高校教师职业道德的真谛［J］. 中国高等教育，2007（01）：56.

视为教书和育人的简称。教书的过程是教育者向受教育者进行知识传授的活动,是知识和真理传递的手段,是学生获取知识的渠道和教师获得职业价值的基本方式。通过教书,学生获得知识的长进,政治觉悟的提升,道德素质的提高以及文化修养的形成。但是,"教书的目的是育人,功能是育人,评价标准是育人"①,因此成功的政治理论课教学必然是基于知识又超越知识的,在关注知识的同时,一定通过育人这一环节,关注人的精神世界的发展和丰富,关注个人道德的提升。学者杨克平曾对此作出一段精彩论述"如果仅强调教书,不重视育人,不教学生如何做人,那么'生产'出来的'产品'很可能是个'危险品'。因为一个没有正确人生观、价值观和道德观的人,掌握的知识越多可能对社会的危害就越大。反过来,如果只强调育人,不认真教书,学生虽然有良好的道德品质,但未能很好地掌握科学文化知识和一定的技能,这样的'产品'就是个'废品'"②。因此,育人也是高等教育中极为关键的环节,教书是手段,育人才是目的。育人是教育者对受教育者进行潜能的挖掘、责任感的激发、认同感和归属感的培育的过程,其目的在于激励学生勇担重任,成为能够满足社会发展需要的具有道德感的人才,成为一个站立的、大写的人,而不是只成为具有某一领域技能的'某种人',正如马克思所论述的那样,"使人成为人,而不是成为某种人"。夸美纽斯在其论著中也提出过"学校的目的应该是使人适应他的使命,即让他受到能完善人类天性的一切教育。"③ 党和国家十分重视教育过

---

① 刘建军. 论师德师风建设的"四个统一"[J]. 中国高校社会科学[J]. 2017(02): 14.

② 杨克平,付晓燕. 教书育人:高校教师职业道德的真谛[J]. 中国高等教育, 2007 (01): 52.

③ 夸美纽斯. 夸美纽斯教育论著选[M]. 任宝祥,等译. 北京: 人民教育出版社, 1991: 424.

程中育人环节的开展和育人作用的发挥，《中共中央国务院关于进一步加强和改进大学生思想政治教育的意见》指出，"高等学校各门课程都具有育人功能，所有教师都负有育人职责"①。2016年全国高校思想政治工作会议上习近平指出，"要坚持把立德树人作为中心环节，把思想政治工作贯穿教育教学全过程，实现全程育人、全方位育人"②。习近平在北京大学师生座谈会上的讲话中指出，"人才培养一定是育人和育才相统一的过程，而育人是本。人无德不立，育人的根本在于立德。这是人才培养的辩证法"③。

教书和育人不是彼此分离、互不相干的两个过程，而是一个完整的教育过程的两面，是有机联系、相互渗透、不可分割的整体。教书是育人的手段，育人是教书的目的。二者之间的联结和互动从教师与学生主客体的统一层面，从教师的事业与责任相统一的层面，从学生的智育和德育相统一的层面，从教师对学生知识传授和人格培育层面都完整地体现出来，并以一种相辅相成的协调关系持久共存。因此，高校教师，尤其是思想政治理论课教师，既要做好教书的环节，又要完成育人的职责，只有坚持教书和育人的统一，才能为社会生产出优秀合格的"产品"，而不是生产无用的"废品"和"危险品"。

二、"坚持言传和身教相统一"的命题界定

教师在教书育人的过程当中，既要坚持言传和言教，又要注重身教

---

① 中共中央国务院关于进一步加强和改进大学生思想政治教育的意见 [EB/OL]. 人民网，2004-10-14.
② 习近平. 在全国高校思想政治工作会议上的讲话 [N]. 人民日报，2016-12-09.
③ 习近平. 在北京大学师生座谈会上的讲话 [N]. 人民日报，2018-05-03.

和行教。"言传"即通过言语传达教育的内容，表达自身的情感和情操，向受教育者传授和讲解相关的课程和知识；"身教"即亲身用肢体语言或实际行动教导和规范受教育者的行为，用行为感化他们，对其形成一种示范。所谓"言传身教"是指教育者通过自身言语和行为方式对受教育者进行教导和示范，使其接受并消化教育的内容。言传身教是作为一名高校教师教育学生的必备素质。"鞭策和鼓励学生，不能靠抽象的品德说教，而是要通过教师的身教。这种潜在的影响力使教学成为最高贵的专业，成为最具规范性的职业，成为要求最高的工作"①，尤其是对思想政治理论课教师来说，更是如此。"作为人类先进思想文化的传承者、守护者和践行者，高校教师要重视自身道德修养问题，在实践中通过身教验证言教"②。思想政治理论课教师不同于专业课教师，他们不单纯是知识的传递者，更是一个角色模范，而且这种角色模范不仅是专业角色模范，还是个人人格修养的模范，他们的一举一动都会成为学生成长的道德影响。

思想政治理论课教师通过言语的表达向学生传递专业知识、行为理念、道德规范和法律内涵等，将书本的知识通过人为的加工与解释以更通俗的方式传达给大学生。人类的知识积累和传递离不开语言的运用，缺少了语言就无法进行知识的领悟和传递，因此知识的传播更多地依靠思想政治理论课教师的言教。但是，仅靠言语传递的教育尤其是思想政治教育是有局限性的，"信息传递过程中，特别是道德规范只能被动地传递，至于能否被学生接受或消化，就得看教师的传递技巧和教师自身

---

① 弗兰克·H. T. 罗德斯. 创造未来：美国大学的作用 [M]. 王晓阳, 译. 北京：清华大学出版社，2007：83.
② 吴莎. "四个统一"视域下高校师德建设现状与对策研究 [J]. 德育研究，2018 (10)：19.

行为所表达出来的信息"①。言传方式下的教和学的关系是平面式的，大学生只是对思想政治理论课教师传递的内容有一个大概的了解，但缺乏个人的"情境体验"，无法形成具体的、生动的、直观的、有感染力的认识，也不能在内心对思想政治理论课教师教授的内容产生情感上的共鸣，从而形成长期稳定的行为模式。这样一来，即便是记忆，也只是死记硬背，且记忆的实效也十分短暂，更谈不上使传授的道德品行等内容在现实中发挥作用。如果一个教学过程只在"知"上下功夫，忽视"情"的培养和"意"的强化，那么很难保证受教育者"行"的实践。而身教恰恰能弥补言传的不足，心理学研究发现，"人与人进行交流时，只有30%的信息量通过语言来表达，而另外70%都是由肢体动作和面部表情等第二语言系统来传达的"②，可见身教的作用是十分重大的。叶圣陶先生也说过"身教最为贵，知行不可分"。身教并不是某种知识的堆砌和单纯的文字说教，而是在实践中以自己的言行、品行、德行去影响学生，身体力行，率先垂范地为学生树立行为的榜样，正如卢梭曾说道："在敢于担当培养一个人的任务之前，自己就必须造就成一个人，自己就必须是一个值得推崇的模范。"③ 对学生来说，身教是"体验式"的，通过观察和模仿，循序渐进地形成自己的道德品质。从人格培养的角度来说，身教比言教更为重要，教师的行为是学生做人的一面镜子，教师的一举一动都具有强大的感召力和说服力，通过潜移默化的作用，"润物细无声"地对学生的人格发挥作用。教师在方向选择面前旗帜鲜明，在是非曲直面前立场坚定，在利益得失面前保持定力，

---

① 樊昕. 高校教师言传身教现实意义的研究 [J]. 教育教学论坛，2016（33）：42.
② 张慧. 坚持四个统一，树立良好师德师风 [J]. 三峡大学学报（人文社会科学版），2017（39）：13.
③ 卢梭. 爱弥尔 [M]. 彭正梅，译. 上海：上海人民出版社，2011：178.

始终以高尚的人格魅力影响学生，以模范的角色树立榜样，把真善美的种子不断播撒到学生的心中，才能激发学生形成良好品行、践行道德责任的意愿与动力。

言传和身教是相互统一、相辅相成的关系。没有言传作为基础，身教就缺乏知识和理论的支撑，容易变成无目的的、导向性差的活动；没有身教作为强化，言传就容易流于表面，其作用也会大打折扣。张雷声教授曾提出过重要观点："道德风范是思想政治理论课教师素质构成的核心内容"①，将思想政治理论课教师的道德风范置于高校教师素质的关键位置，肯定了教师实践性的道德规范对高校政治理论课的重大作用。"学术上的钻之弥坚必然要以道德上的仰之弥高为绝对起点"②，这也是对高校教师的道德提出的内在规定性，而道德的重要特征之一就是实践性。言传与身教的统一才是教师的真正人格，而"这种'真正的人格'恰是孕育内在生命的温度、涵养外在品行的养分，是源于生命自身价值的外延和渗透，是'我在'之于'我'的精神世界的意义的彰显"③。因此，在教书育人过程中，既要重视理论宣讲，又要强调事件引导，这样才能培养德育和智育协调发展的大学生。

三、"坚持潜心问道和关注社会相统一"的命题界定

在"四个统一"中，如果说前两个统一主要是针对高校教师教学

---

① 张雷声. 试论思想政治理论课教师的素质构成［J］. 思想理论教育导刊，2006（02）：26.
② 武卉昕. 建立起潜心问道与关注社会相统一的话语场［J］. 红旗文稿，2017（12）：27.
③ 毕吉利，周福盛."无私奉献"还是"有'利'可图"——教师道德的功利性释读［J］. 教育评论，2017（11）：08.

方面的工作，那么后两个统一则是针对高校教师科研方面的工作。"潜心问道"指的是专心从事学术研究，探索规律和真理；"关注社会"指的是关心社会现实，引领社会发展。所谓潜心问道和关注社会相统一就是指思想政治理论课教师作为高校教师，既要潜心学术，开展科学研究工作，致力于知识生产和学术发展，又要关照现实，关注人类的前途命运，思考并努力解决当代中国发展面临的现实问题。对高校教师尤其是对思想政治理论课教师来说，潜心问道和关注社会相统一的意义更加突出，因为他们不仅是科学知识的传播者，专业技能的培养者，还是先进思想文化的传播者，党执政的坚定支持者，是大学生健康成长的指导者和引路人。对他们来说，坚持潜心问道和关注社会相统一具有重大的社会意义——潜心问道是探索客观世界发展的本质和规律、人类社会运行和历史发展的规律，寻找社会发展的真理性的认识，所问之"道"不能脱离社会而存在；关注社会是为社会提供理想道德，改进社会文明发展的方式和进程，引领时代精神。"大学不仅要产生思想和学问，还要给社会提供道德理想；不仅要培养负责任的、合格的公民，还要给社会提供实践的行为模式。它应该给社会提供一个以人文价值指导道德理性，将道德理想变为有力的实践行动的典型"①，而提供道德理想、实践的行为模式、人文价值和道德理性的工作，自然地落到高校教师身上。

  韩愈在《师说》中论述道：师者，所以传道、授业、解惑也。授业和解惑是教师在知识传递层面的职责，而传道是教师在社会发展层面的职责。《资治通鉴》中有云：经师易得，人师难求，意思就是寻找能够传授知识的老师并非难事，但寻找能够以渊博的知识、高尚的人格去

---

① 张汝伦. 思考与批判 [M]. 上海：上海三联书店，1999：605.

教导人、影响人的老师却十分难得。能教会学生专业知识的老师大有人在，但能教会学生做人的道理、使学生树立正确的人生目标和方向的老师却难能可贵。习近平在高校思想政治工作会议上强调，传道者自己首先要明道、信道，教师只有不辍问道，才能更好地授人以道。而"明道"之前，首先要"问道"，要弄清楚"道"是指什么。"这里的道不是别的，而是客观世界发展的本质和规律，特别是人类社会发展的规律，当然也包括人生道理。在这些道理之中，关于社会的道理处在核心位置，它将宇宙和人生联系起来"①。"问道"的根本在于研究社会之道，既然是研究社会之道，就不能脱离社会，就要不仅从历史上还要从现实中探索社会发展的规律。因此，思想政治理论课教师在潜心问道的同时还应做到关注社会。社会是由人组成的，社会的发展其实就是人的发展，强调思想政治理论课教师关注社会本质上就是促使其关注人类社会的发展规律。教师的工作场所是高校，他们的一生都奉献给高校，甚至有的教师从毕业进入高校就再也没有离开学校，某种意义上说，他们其实没有真正踏入社会，一直待在象牙塔之中。尽管他们潜心研究，笔耕不辍，在学术领域中坚持不懈地创造成果，但是，如果忽视了对社会现实的关注，如果脱离社会现实单纯地探究专业领域的知识，那么学术成果很难转化成实际造福社会的生产力甚至精神动力。回避现实、坐而论道，永远无法做出真学问和大学问。新的时代背景下，我们需要理论和思想，也能产生理论和思想，关键就在于能否推动高校教师结合世界的发展趋势，结合我国的基本国情，以一种"为天地立心，为生民立命，为往圣继绝学，为万世开太平"的远大志向，"立时代之潮头、通

---

① 刘建军. 论师德师风建设的"四个统一"[J]. 中国高校社会科学，2017（02）：17.

古今之变化、发思想之先声"①，用理论澄清迷惑，解决现实问题，用"修身、齐家、治国、平天下"的责任感和使命感教书育人、以德施教，关照社会、引领社会。另外，对学生而言，思想政治教育的终极目的要落实到培养出德智体美全面发展的建设者和接班人上，它主要为育人服务，"通过马克思主义理论的学习，提高学生的思想政治素质和人格道德品质，使其树立科学的世界观、人生观和价值观，将道德法律知识内化为思想品质，以便将来更好地为社会主义建设事业服务。如果思想政治教育只停留在思想政治教育的传授教育上，教师只是让学生在应试教育的主宰下机械记忆一些政策理论，却对学生日常生活的道德内化和品格养成重视不够，不能面对现实向学生解释社会变革时期的种种现象，引导学生辩证看待形形色色的社会思潮和发展问题，让学生用所学的马克思主义理论和立场、观点、方法分析、辨别真伪、善恶、美丑，就很难将社会规范要求内化为学生的思想品德和政治素养，更难将学生的思想政治品德观念外化为道德行为和文明言行，因此也就无法达到育人这一思想政治教育的最终目的"②。只有既服务于教育教学活动、高等教育的发展和立德树人的目标，又服务于经济发展、国家治理和社会进步的潜心问道才有意义。

潜心问道和关注社会是统一的，二者形成一种"合力"，共同服务于教育教学活动，服务于立德树人的教育目标，服务于社会的发展和国家的进步。"大学所倡导的道德、思想、理论、观念通过教学、著作、论文、学术报告等形式散播到社会中去，成为影响社会道德进步的重要

---

① 杨胜才. 高校师德师风建设应着眼于四个统一［J］. 学校党建与思想教育，2018（01）：48.
② 韩泽春. 思想政治教育实践育人路径探析［J］. 中国教育学刊，2013（09）：87.

力量，推动整个社会的道德发展和提升"①，这才是思想政治理论课教师进行潜心探索和学术研究的应然作用场域。但实际工作中将二者间的关系把握好绝非易事，思想政治理论课教师只有将二者兼顾，既潜心治学、面向文本进行研究，又关注社会、面向现实进行探索，才能实现二者的统一，才能激发二者发挥出造福社会的巨大影响力。

四、"坚持学术自由和学术规范相统一"的命题界定

学术自由和学术规范的关系问题是近年来学术界高度关注的重大问题，一是因为现实中学术乱象弥漫于整个学术界，学术领域弄虚作假、学术剽窃、学术腐败、学术失范等现象时有发生，已经引发学术界的道德滑坡；二是由于党和国家意识到高等教育的这一问题，开始着手管理，教育部于2014年出台了《高等教育学术委员会规程》，对学术自由和学术规范进行治理。学术的繁荣离不开学术自由，学术的健康发展又离不开学术规范，坚持学术自由和学术规范相统一是促进科学研究积极有序发展的重要保证。

学术自由是大学的核心概念，是指"在具有高深学问的高等教育机构中教学并证明真理的自由，或探索真理而不受非学术因素干扰的自由"②，学术自由是大学核心的使命之一，也是现代大学制度必不可少的原则，"没有学术自由，重要的教学和研究工作不可能是真正有效的"③。我们知道，真理的获得以自由的研究为前提，如果有人限制了

---

① 王向华. 大学的道德责任［M］. 北京：北京师范大学出版社，2017：135.
② 谢俊. 大学的学术自由及其限度［M］. 重庆：重庆大学出版社，2012：17.
③ 菲利普·G. 阿特巴赫. 变革中的学术职业——比较的视角［M］. 青岛：中国海洋大学出版社，2006：206.

这种自由的研究，就相当于阻碍甚至切断了学者通往真理的道路。学术自由的本质是思想及表达的自由，思想自由作为对人的理性的判断理由，是任何人绝对的、不可剥夺的权利，尤其对学者来说，思想自由、表达自由、言论自由是他们进行学术活动的特征和保证。雅斯贝尔斯认为"学术自由是学术工作中心的、普遍性的指导原则"①。学术自由于高校思想政治理论课教师的意义是他们探索客观世界发展的本质和规律、社会运行的规律以及人类社会发展的规律的保证，是他们开展学术活动时理应享有的权利，因为思想政治理论课教师不但是教师，还是学者，是马克思主义理论的研究者，只有赋予他们学术上的自由，才能鼓励他们对科学的马克思主义理论展开更加积极的探索。"学术自由是开放的原则，是自由争鸣的原则，是多元并存的原则"②，坚持学术自由才能保证高校教师"为学术而学术"的独创精神，才能激发高校教师探索未知世界的主动性，才能为现实世界催生出更多更有价值的理论用于指导实践。但是，同自由一样，学术自由并不是无限度的，将学术自由规定在一个合理的限度内，才能对健康的学术发展起到保障、监督和引导的作用，这就需要学术规范对学术自由制约作用的发挥。学术规范是"学术共同体在长期的学术活动经验总结的基础上，依据科学发展的特定规律，而制定的对共同体成员具有普遍约束力的准则和要求"③，学术规范为学术自由设置合理的限度。正因为自由是相对的，是受到一定条件约束的，它不是天马行空、随心所欲，更不是毫无底线、任意妄为，所以要通过规范的形式对它进行限制，但是学术规范对学术自由的

---

① 雅斯贝尔斯. 什么是教育［M］. 上海：上海三联书店, 1991：27.
② 劳凯声. 创新治理机制、尊重学术自由与高等学校改革［J］. 教育研究, 2015 (10)：12.
③ 谢俊. 大学的学术规范与学术自由［J］. 教育评论, 2011 (02)：03.

限制是合理的限制，这种限制以"不损害他们追求真理"为基础。高校教师进行学术研究的目的在于追求真理，但真理蕴藏于事物的内部，是不容易被轻易发现的，只有遵循学术规范、承担学术责任、思考学术之终极功能与价值，将外在的职业要求逐渐内化为自身的道德追求和行为习惯，才能为真理的探索提供条件，为自由的实现提供保障。身为思想政治理论课教师，更要严格要求自己．因为自身身份的特殊性，在担当学生引路人的角色时一旦出现学术失范的现象，被广而告之，教师的形象和人格就会轰然崩塌，而这对学生的负面影响是十分巨大的。爱因斯坦曾经指出"大多数人说，是才智造就了伟大的科学家。他们错了，是人格"①。因此，避免一切学术不端的现象，以此来树立可以对学生形成示范的人格，在遵守技术性的规范要求中引领学术风范，是思想政治理论课教师进行学术活动的标准和尺度。

学术自由和学术规范是辩证统一的关系，学术自由是学术规范产生的条件，学术规范是学术自由的底线。在尊重客观规律的基础之上，以对学术行为规范的遵守为前提，发挥主观能动性，进行学术研究，是高校教师学术探究理性化的表现。"事实上，科学规范或社会规则只有留有一定相对自由的游离空间，才能为科学发展和社会进步留有余地"②，二者相互关联，才是我们所主张的理性的学术活动。

---

① 巴甫洛夫. 巴甫洛夫选集 [M]. 北京：科学出版社，1955：173.
② 高晓清. 学术自由与学术规范 [J]. 现代大学教育，2003（02）：16.

第二节 "四个统一"师德观的思想实质

一、知识与美德的统一

教书和育人相统一就是指在教书的同时实现育人的目的，教书能兼顾育人；反过来，在育人中完成教书的任务，育人要兼顾教书，二者之间具有本质上的内在关联性。正因为相互关联，所以能在联结中实现统一。但在现实实践中，将教书和育人分离的情形却不得不引起我们的关注。高校教师如果仅仅将自身的工作视为维持生存的手段和工具，只是将其看作是职业而不是使命，就会出现不教不育、教而不育、重教轻育等问题，这时，育人就成了游离于教书之外的过程。所谓"不教不育"是指高校教师对教书育人缺乏兴趣，消极懈怠教学活动，甚至照本宣科、随意发挥，向学生宣传和灌输错误的价值观念；所谓"教而不育"是指高校教师把上课看成是完成教学的硬任务，为了教学而教学，认为育人是干部或者辅导员的事，与自己无关，对待这类工作敷衍了事；所谓"重教轻育"是指教师十分关注教学活动的进行，重视对教学规律的探究，重视学生知识和技能的积累，却忽视了对学生道德人格的养成和培育，教学活动缺乏道德向度。在这样的现实情境下，教书和育人就成了此消彼长、厚此薄彼、相互割裂的两个过程，而非一个过程的两个方面。

真正教书和育人的统一是主客体统一基础之上的"知识与美德的

统一"。教育是一种对象性的活动，是教育者和受教育者之间相互作用的过程和结果。虽然教书的过程看似是教师向学生传递知识的过程，教育的客体表面上好像是书本和知识，但是教师进行知识传授的对象最终还是学生，教师与知识的关系也直接转换为教师和学生的关系，知识只是一种"介体"，充当着桥梁的作用和为育人服务的角色。因此同育人的最终结果一样，教书育人本质上还是教师和学生之间即人与人的关系，而不是人与物的关系。教书育人的统一也成为主体和客体的统一，实际教育过程的进行和开展就是主客体之间联结互动和相互影响的过程。苏格拉底提出重要的命题"知识即美德"，这句话的深层含义是：一切美德都离不开知识，知识是美德的基础，知识贯穿一切美德之中；掌握知识的人往往能够自觉地实践美德，成为一个有德性的人。教书，简单的理解就是传播知识与技能，育人则指培育学生良好的道德人格，帮助他们形成正确的世界观、人生观、价值观。二者分属不同的层面，一个是科学文化方面，一个是思想道德方面，但同向发力，成为一切教育活动的总原则。从某种意义上说，二者统一的实质就是知识和美德的统一，是智育和德育的统一，是教会学生做事和做人的统一。真正的教书和育人相统一，既通过教书传授给了学生知识，又通过育人培养了学生的道德，因此，教书育人的统一在实践理路上是知识与美德的统一。而且，知识与美德的统一还可以视作教师职业与责任的统一。教书是一种工作行为，是教师职业的主要工作内容和工作方式，它最能够体现教师的工作性质。如果说教书是一种职业和工作，那么，育人则是教书的功能和作用，是一种职业责任和使命。教书的目的是育人，教师的职责也是育人。"教学是一个道德意义上的职业，说它是道德意义上的，是因为它不仅提高领悟能力，还规范了行为；它不仅影响和塑造智力，同时也影响和塑造意愿；它不仅对思想而且对心灵进行教化"①，而这些目标的实现都有赖于教师这一职业进行职业行为和承担社会责任。高校进行教书育人是一个充满长期性，复杂性的过程，它的立足点就是让高校学生德智体美劳都可以得到全面的提高，成为全面建设现代化国家需要的人才。在这种情况下，进行教书育人就必须按照新时期党和政府对高等教育机构提出的新要求，通过各种手段，逐渐提高高校学生的整体发展水平，用新时代的教育理念来武装高校学生头脑，让高校学生在进行学习之后，可以在最大程度上发挥个体社会适应的能力与改造社会的巨大潜力，让高校学生把成为一个具有完善人格的人作为毕生追求的理想，进而使在校学生的全面素质都得到培养与提升，最终可以形成具备完善人格的社会人。因此教书和育人的统一是职业与责任的统一，且在此基础上在新时代的背景下更加注重教师在教书育人中的责任，更加强调通过育人促进教师职业责任的实现，这也是教师职业道德应用和发挥作用的表征。

二、人格与品德的统一

言传和身教相统一就是指在教师对学生进行言教的同时，通过教师的身教来进行示范、巩固和强化；在对学生进行身教的同时，依靠言教形成一定的知识基础和文化修养。教师的言行往往成为学生谈论的中心和模仿的对象，他们的影响力不容低估。思想政治理论课教师区别于其他专业课教师的一个重要区别就是他们不仅传授给学生专业知识和科学

---

① 弗兰克·H. T. 罗德斯. 创造未来：美国大学的作用[M]. 王晓阳，译. 北京：清华大学出版社，2007：82.

真理，还传授给学生先进的思想文化、党执政的相关理论和政策，他们是学生健康成长的指导者和引路人。因此，相比专业课教师，思想政治理论课教师的言传身教更具有现实的指导意义。课堂内言传的比重较大，因此思想政治理论课教师通过传递知识、解答疑惑、传道授业、热爱学生、言行一致，努力提高自己的知识和思想水平，树立良好的教师形象，将教育工作做好，营造和谐的师生关系，达到教育的目的；课堂外身教的机会更多，因此思想政治理论课教师通过与学生面对面地交流与沟通，率先垂范，以自身的人格魅力感化和引导学生，了解学生的思想动态，鼓励他们形成良好的道德品质。

言传和身教的统一是教学内容和教师行为规范统一基础之上的"教师健全人格与高尚品德的统一"。思想政治理论课与专业课的教学过程的区别是教师的影响不仅限于课堂教学，而是将教师课后的工作、个人生活、为人处世、道德品行等一切方面都包括进来，这也是思想政治理论课教师与专业课教师生存境遇的区别。专业课教师的教学内容多数是科学性的内容，它意在培养掌握专业知识的"专业人"，但思想政治理论课教师的教学内容既包含科学性，又包含思想性，因为他们既传递社会积累的优秀文明成果和先进的思想文化，又承担着帮助学生道德养成、促进社会良性发展的责任与使命，它意在培养具有道德意识与道德修养的"社会人"。"从更高的层面来说，教师由于受社会委托而承担着人类先进思想文化传递者的责任，那么他就应该成为文明的守护者和践行者，他与教育内容就有了一种比普通人更直接也更内在的责任"①，思想政治理论课教师教育学生的内容，自己也要认同并遵守，要求学生形成的思想品德，自己也要具备且践行。一般来说，专业课教

---

① 刘建军. 论师德师风建设的四个统一[J]. 中国高校社会科学，2017（02）：16.

师在课堂上传授的知识即教育教学的基本内容不会使学生在实际中与教师的品行结合起来进行确证，并据此决定自己对待这门学科的态度；但对思想政治理论课教师来说，这却是十分正常的，因为他们的教育教学过程几乎扩展到了工作和生活的方方面面，工作和生活的打通使得思想政治理论课教师必须将课堂表现与课后表现统一起来，规范自己的言行，做好榜样的示范者，只有这样政治理论课才能获得良好的教学效果。思想政治理论课教师进行人格教育，就是一种着眼于发展在校学生心理、道德、精神品质，通过各种教学手段有目的、有计划地运用心理方面的影响、心理塑造的训练、品性道德的培养等方式和方法提高高校学生整体心理发展的水平，培养高校学生全面和谐发展的教育观念，让高校学生能够最大限度发挥他们适应与改造社会的潜力，能够把个人价值的实现和对社会的贡献结合起来，作为人生的重要追求，使自己的人格得到塑造和提升，最终可以形成以健全人格为目的的一种教育活动。言传所"传"之内容主要体现的是教学内容，身教所"教"之内容则是教师在工作之外生活空间的表现，如果思想政治理论课教师在个人生活中的表现与他在课堂上讲授的内容相违背，不但教学的效果会大打折扣，教师的形象也会遭到破坏。思想政治理论课教师要重视教学实践中言传与身教的统一，做到言必信，行必果，言行一致，言出必行。否则，课堂上的千言万语、课堂下的谆谆教诲、平日里的呕心沥血都会因为教师的不当行为或错误示范而前功尽弃。对任何人来说，言与行之间都存在或多或少的差异，这是不可避免的，只要这种差异能保持在一个合理的范围内，就不会导致丧失他人的信任，甚至出现人格失调等问题。但是，假若言与行之间的反差太大甚至方向相反的话，就会形成不健全的双重人格。作为思想政治理论课教师更是需要心理健康、人格健全，这是作为思想政治理论课教师的底线。此外，在言语上表达出自己具有高尚品德并不难，难的是在日常行为中体现自己的品德，并将其持久化、稳定化，因此看人的品质如何，不是看他说了什么，而是看他做了什么。思想政治理论课教师不仅需要在言教中向学生灌输社会的道德要求，帮助他们形成良好的道德品质，他们自身也需要具备高尚的道德以适应学生对思想政治理论课教师道德的期待，"他们所传授和倡导的思想品德应该得到他们自己行为上的佐证"①，只有如此，教师才能做好"传道者"的角色。

三、科学与价值的统一

潜心问道和关注社会相统一就是指思想政治理论课教师作为高校教师，既要潜心学术，开展科学研究工作，专注钻研，明知识之道，不断地致力于知识生产和学术发展，又要关照现实，关注人类的前途命运，思考并努力解决国家和社会发展面临的现实问题。对高校教师尤其是对思想政治理论课教师来说，潜心问道和关注社会相统一的意义更加突出，因为相比专业课教师，他们身上担负的责任更重，他们不仅负有教书育人的职责，还由于身份的特殊性，担当着大学生健康成长的指导者和引路人的角色，这是思想政治理论课教师身份和角色的落脚点和归宿。只有首先认同这种角色意识，才能激发他们内在的责任感和使命感，才能建立起思想政治理论课教师潜心问道和关注社会相统一的话语场。但是，将二者统一起来却并非易事。当前，有些教师本着"学术第一，教学第二"的观念将时间和精力一心放在学术研究上，或是为

---

① 刘建军. 论师德师风建设的"四个统一"[J]. 中国高校社会科学，2017（02）：15.

了提升学术造诣接近真理，或是为了升职评优"两耳不闻窗外事"，只顾闷头钻研或发表成果，对教学活动敷衍了事、得过且过，对立德树人的教育任务置之不理，更谈不上要求他们关注学生、关注社会、面向现实，从社会实践中寻找科研的切入点。有些教师学术水平有限，或者对学术研究根本不感兴趣，缺少一种"衣带渐宽终不悔，为伊消得人憔悴"的学术境界，无心钻研学问，也无心花费时间在探索社会之道上，而是一心将精力扑在教学上，教学工作开展得井然有序也收获学生的好评，但拿不出有价值有说服力的学术成果。科学与价值之间有非常密切的关系。具体来说，高校教师对学生进行科学教育的部分思想跟价值教育的有些内容是一致的，但是价值教育体系非常庞大，科学教育在某种意义上属于价值教育的一部分，但是两者又不完全相同，价值教育是科学教育在新时期适应社会发展产生的新变化，对科学教育是一种继承和发展。但是，两者在四个方面有着本质的不同。第一，高校教师对学生进行科学教育在培养角度上偏重于知识的获取与智力的发展，而价值教育的侧重点则是对学生健全人格的培养，换句话说，学生获得知识、增长智力、提高各种技能都可以看作价值教育的重要组成部分，高校教师必须充分地意识到非智力因素对高校学生的成长也是具有重要影响的。第二，高校教师在进行科学教育的时候，在很长时期内采取固定的模式来培养学生，教育方法、教育模式、教育理念更新较慢，而价值教育却以培养一个合适的人作为教育的主要目的，在教育过程中一直强调对人个体的尊重，真正把接受教育的高校学生教育主体化。第三，高校教师在进行科学教育的过程中通常采取各种手段去控制受教育者，将"教育可以改变人的一切"的理念灌输给学生，而价值教育则着眼于学生自身的自我修养能力和提高能力，重点指出只有高校学生真正接受并吸收了高校传授的教育理念，继而在生活实践中付出行动，检验教育者传达的理念正确与否之后，这样教育的效果才算真正落到了实处。第四，科学教育中包含着道德品质方面教育，这与价值教育是不同的。价值教育同样也包含道德方面的教育，但价值教育中更深层次的理念是道德教育所没有的。价值教育在教育过程中始终强调认知感和情感以及意志与道德行为之间的统一。

高校教师本身就是学者和科学家身份的统一，他们不仅承担着教学的任务，对社会来说更承担着一种责任和使命，这种"家国情怀"的使命感是激发高校思想政治理论课教师既耐得住寂寞、潜心向学，进行知识生产和学术发展，又能够脚踏实地、关照现实，从社会实践中汲取养分的根本保证。

潜心问道和关注社会相统一是"科学与价值的统一"。思想政治理论课教师潜心问道是探索世界运行的规律和社会运行的本质和原理，其本质上是寻求知识和真理，是追求科学的表现；而关注社会是为了寻求一种意义世界，从关照社会中获取改造世界的力量，以价值为标准去探究思想的本质意义，是追求价值的表现。能够将科学和价值统一起来的教师，既能专心从事科学研究，钻研教育教学规律，潜心向学，专心致志，扎扎实实地对待学术，容不得半点虚假，艰苦地在自己的领域进行探索，在科学的世界如鱼得水；又能关注社会，致力于从实践中钻研人类社会之道，揭示人类社会发展的规律，寻找历史发展进程中各种思想、理论的意义与价值。反之，不能将价值和科学统一起来甚至将二者对立的教师，就会受到各种外界因素的影响，定力减弱且性格浮躁，对学术研究的热情逐步降低甚至消解，易受各种诱惑和压力的干扰，急功近利，难以静心，无法平衡好自身的各种角色，违背立德树人的教育初衷。因此，思想政治理论课教师应坚持潜心问道和关注社会相统一，在科学世界中探寻价值世界，追寻价值的同时不忘在科学领域实现自己的学术目标。价值按照作用主体的不同可以分为个体价值和社会价值，科学和价值的统一中的价值又是个人价值和社会价值的统一。高校思想政治理论课教师只有不辍问道，才能更好地授人以道。但是，教师求道不只是为了获得个人能力的提升和个人学识的增长，不只是为了实现自己的人生价值，满足自身的物质和精神需要，而应该是本着"以小我成就大我"的心态，将自己经过苦心钻研之后形成的成果让更多的人了解，使他们能够借鉴自己的学术成果创造更多更有价值的理论。明道、求道的最终目的都是为了传道，对思想政治理论课教师来说更是如此，如果只明道、信道而不传道，就愧对教师的称号，有违教师的职业道德责任。传道体现的是教师的社会价值，是基于教师角色责任和使命对其提出的基本要求，在传道中做到关注社会现实，激发学生对国家、对社会的责任感，是发挥教师社会价值的有效途径。社会由人组成，社会的发展离不开人的发展，更离不开教书育人的教师的发展，倘若思想政治理论课教师只讲潜心问道，闭门造车、独善其身、脱离社会，那么谈何发挥其巨大的社会价值？其职业行为不被社会肯定和认可，不为社会创造精神和物质财富，谈何获得人们的尊重？其思想和行动不能转换为改造社会的生产力，谈何实现个人价值？因此，潜心问道和关注社会相统一是思想政治理论课教师个人价值和社会价值的统一，做好这两点，自然就实现了自身的社会责任和时代赋予他们的使命，达到了个人价值和社会价值的协调统一。

四、求真与至善的统一

坚持学术自由和学术规范相统一就是指高校教师进行学术研究既要自由创新、大胆设想、小心求证，勇于提出独到的见解，创造更多指导现实实践的理论；又要遵守学术规范，秉持诚实的品格对待学术，严于律己、忠于内心，谨防学术不端和学术失范的现象。近几年来学术失范行为层出不穷，其产生的原因主要可归纳为三个方面：一是主体层面，学术主体的自我约束不够；二是权利层面，学术自由权的非理性扩张；三是利益层面，潜在关联利益的引诱。因此，对学术自由的保护必须要有相应的法律制度，有必要进一步思考学术规范的功能定位、合理限度以及法律制度体系的建构。高校教师既在教学活动上有严格的要求，又在科研活动上有着多重的规范，在面临外部环境、教学科研、个人生活等一系列事务中将各个要素平衡好，并不是一件容易的事情。而且当下，学术研究的道德性和意识形态性凸显，意识形态的规范也是学术规范的道德性规定之一，因此理应对学术研究的边界问题重视起来，对思想政治理论课教师来说更是如此，他们是承担神圣使命的灵魂工程师，是先进思想文化的传播者和党坚定的支持者，他们的研究成果传输给学生会产生巨大的影响力。因为政治理论课作为人文社会科学的重要组成部分，开展学术研究往往都涉及意识形态问题，因此他们的学术自由更需要维持在意识形态的合理限度内，学术活动需把握有利于国家、社会发展的目标，不损害国家和社会的利益。

学术自由和学术规范的统一是自由与必然相统一基础之上的"求真与至善的统一"。必然是相对于自由而言的，是人类的主观意志对于客观世界的感受，没有人的感受也就无所谓必然；自由也不能脱离必然独立存在，必须以必然作为它的前提，没有必然也就无所谓自由。学术自由是给予学者更大的学术空间，使他们的学术活动不受权威的约束，自由地进行学术探索，学术规范是强调学者应当遵循客观世界的运行规律，以必然作为科学研究的内在约束条件，学术自由和学术规范的统一是自由和必然的统一。孟德斯鸠曾就自由的理念指出："在一个国家里，也就是说，在一个有法律的社会里，自由仅仅是：一个人能够做他应该做的事情，而不是被强迫去做他不应该做的事情。自由是做法律所许可的一切事情的权利；如果一个公民能够做法律所禁止的事情，也就不再有自由了，因为其他的人同样会有这种权利。"[①] 高校教师的学术研究也受到"自由原理"的制约，他们的学术自由是学术规范许可内的自由，一旦学术自由超出了学术规范的边界，那么这种学术自由就是虚幻的、不存在的，在学术规范的框架下自由探究，这才是真正的学术自由。自由和必然缺一不可，缺少自由的学术环境，就缺乏生机、呆板乏味，缺少规范的学术研究，学术界就可能一片乱象。从自由出发，人与动物的显著区别就是人有认知事物的能力，根据这种认知做出判断与选择也就是费希特所谓的"自由理性"。人发现和探索世界，征服自然和完善自我都需要具备这种自由理性，而实现自由理性的途径就是诉诸科学。探索科学，进行学术研究，要实现学术自由和学术规范的统一，从某种意义上来说也就是"求真"和"至善"的统一：学术自由赋予学者求真的权利和场域，学术规范促使学者的学术研究达到至善的价值目标。高校教师，"作为高深学问的辩护者，必须坚守为学术而学术的使命，拥有独立的人格与意志，不惧怕任何的权威。作为高深学问的探

---

① 孟德斯鸠. 论法的精神 [M]. 北京：商务印书馆，2004：183.

究者，必须具有为学术而献身的精神，坚持严谨、细致、诚实、公正的品格，遵守规范，探究宇宙真理，为人类创造宝贵的知识财富"①。只有在学术自由中不断探索与接近真理，不受任何外在因素的影响，只为学术而学术，才能逐步实现求真的目标，只有在学术规范中小心谨慎、严于律己，保持坚定的政治方向，为学术发展造福人类而努力，才能达到至善的精神境界。追求真知是学者的使命，但对于思想政治理论课教师与其他专业课教师来说，这里的区别在于他们追求真知的路径是否涉及价值领域，因为一旦经验世界的科学逃脱现实的束缚达到不可控的地步，生命世界的意义也将消失殆尽，而思想政治理论课教师的存在价值更多的就是表现为探索生命世界的意义。在寻求世界真理的过程中，坚持学术的道德底线，为人类社会的进步而奋斗，这不仅是当下保持学术繁荣的途径，也是催生更多科学理论的方式，是激发教师"人文关怀"的必然要求。

第三节 "四个统一"师德观的目的价值

一、引领思想政治理论课教师"以德立身"

在 2016 年 12 月 8 日，全国高校思想政治工作会议上，习近平明确指出，"要坚持把立德树人作为高等教育的中心环节"，"高校立身之本

---

① 谢俊. 大学的学术规范与学术自由 [J]. 教育评论，2011（02）：05.

在于立德树人"①，将立德树人确立为高等教育的根本任务。在2017年2月27日，中共中央、国务院印发的《关于加强和改进新形势下高校思想政治工作的意见》中也强调，"坚持社会主义办学方向，扎根中国大地办大学，以立德树人为根本，以理想信念教育为核心，以社会主义核心价值观为引领"②，再一次把立德树人作为高校思想政治教育至关重要的环节。2020年1月7日，教育部印发《新时代高等学校思想政治理论课教师队伍建设规定》同样指出，思想政治理论课教师应当增强"四个意识"，坚定"四个自信"，做到"两个维护"，始终在政治立场、政治方向、政治原则、政治道路上同以习近平同志为核心的党中央保持高度一致，模范践行高等学校教师师德规范。做到信仰坚定、学识渊博、理论功底深厚，努力做到政治强、情怀深、思维新、视野广、自律严、人格正，自觉用习近平新时代中国特色社会主义思想武装头脑，做学习和实践马克思主义的典范，作为学为人的表率。③ "四个统一"师德观的提出，从教学和科研的角度对思想政治理论课教师的行为进行规定和约束，作为师德师风建设的时代要求，对思想政治理论课教师的道德提出了更高的标准，首先就是引领思想政治理论课教师"以德立身"，这是思想政治理论课教师作为人的最基本的要求，也是他们作为大学生道德榜样示范者的底线要求。立德树人是我国历代教育都遵循的理念，培养德才兼备高素质的人才，既是德育的根本目的，也是思政课效果的核心要求。在新时代的思想政治理论课教学务必要坚持好"八

---

① 习近平. 在全国高校思想政治工作会议上的讲话［N］. 人民日报，2016-12-09.
② 国务院. 关于加强和改进新形势下高校思想政治工作的意见［N］. 人民日报，2017-02-27.
③ 教育部. 新时代高等学校思想政治理论课教师队伍建设规定［EB/OL］. 教育部，2020-01-16.

个相统一",才能加强思想政治理论课教师的使命意识和担当精神;努力扮演好民族复兴伟业继承者、开拓者和带领者的角色,才能赢得学生,只有赢得学生,才能赢得课堂;只有赢得课堂,才能更好地进行价值观的引领,真正地用新时代中国特色社会主义思想铸魂育人,完成立德树人这一根本任务。

司马光在《资治通鉴》中曾就德才关系提出过著名论述,"才者,德之资也;德者,才之帅也"[①],将人的道德置于才华的统帅位置。《左传·襄公二十四年》中产生了古代著名的"三不朽"学说,"太上有立德,其次有立功,其次有立言",将立德作为"三不朽"之首。可见,古往今来,道德一直在人的发展中占有至关重要的位置,在人的诸种素质中占据核心地位。思想政治理论课教师作为一个人,要想在社会中生存和立足,就必须要树立一定的德性,离开了德,人的生存便难以为继,社会的运行也难以保证。以德立身,是思想政治理论课教师生存于社会的根本,是他们作为人的应有之义。另一方面,作为学生健康成长的指导者和引路人,他们充当着培养社会主义事业的建设者和接班人的角色,为学生的全面发展提供思想和理论上的指导。而学生的所谓"全面发展"不仅限于他们各个方面技能和特征的完善,还在于他们所有方面的素质呈现出一种内在的和谐,这种和谐就是由道德主导的一种平衡的状态,是全面且不偏重、和谐且相互提升的状态。思想品德教育在高校教育过程中的主要含义就是思想政治教育和品德教育。思想,概括来讲,就是个人本身信仰什么样的哲理、倾向什么样的政治立场、追求什么样的理想,赞成什么事情、反对什么事情、拥护什么事情等的具体表现。加强对高校学生进行思想政治方面的教育,是任何时代的领导

---

① 司马光. 资治通鉴(第1卷)[M]. 郑州:中州古籍出版社,2003:3.

阶层所必须采取的措施，古今中外皆是如此。品德，则是个体身上体现出来的社会总体道德。品德一般来说还包括个人的行动体现出的品德，比如说谦虚谨慎、勤俭节约、尊重他人、团结友爱等很多方面。而高等院校进行的品德教育，在某种意义上就是根据国家社会生活发展的需要，指导高校学生在"修身""养性"两个方面进行的教育。身份的特殊性使思想政治理论课教师的角色区别于其他的专业课教师，如爱因斯坦所言，"用专业知识教育人是不够的，通过专业教育，他可以成为一个有用的机器，但是不能成为一个和谐发展的人"①，因此，在专业教育之外，还应强化对学生道德规范的教育，这里主体再次指向了思想政治理论课教师，他们的一言一行对学生具有极大的影响力和感染力，他们的优秀德行能为学生树立一面镜子，使学生通过模仿、纠正和自我养成，树立社会需要的道德。因此，通过以德立身形成自己立足社会的基础、形成为学生树立榜样的模范是思想政治理论课教师履行好党和国家赋予他们的神圣职责，坚持"四个统一"的首要意义。

二、引领思想政治理论课教师"以德立学"

"知识性是大学组织结构存在和发展的基础，也是大学区别于其他社会组织的标志性特性。"② 知识性的存在除了要求大、中学生对知识的接受和追求，还要求教师对知识的钻研与探索，也就是教师学术的发展对知识的创造与升华——"对于大学而言，从事学术既是首要责任，

---

① 苏霍姆林斯基. 论德育和全面发展 [J]. 国外教育资料，1980（02）：1.
② 陈想平. 论大学组织的知识性与科层性 [J]. 高教探索，2006（02）：64.

也是自足之本。"① 但是，学术研究的对象是知识，学术探索的客体是知识，自古以来知识就与道德具有不可分割的内在联系，因此学术发展不止具有知识性维度，还具有道德性维度，大学之学术也因而具有了道德的诉求。

高校教师开展学术研究需要以德立学，尤其对思想政治理论课教师来说更应如此。究其原因，可以从以下三个方面探讨：首先，作为人类灵魂的工程师，先进思想文化的传播者和人类文明的传承者，他们的道德风范对学生具有更大的影响效应，他们对待学术的态度、他们的学术立场和学术观点将直接传达给学生，影响学生对学问的态度，甚至影响学生的价值观和道德品行的养成。其次，思想政治理论课教师的学术研究主要集中于对马克思主义理论的继承和发展、对客观世界运行规律和人类社会发展规律的揭示以及对学生思想品德发展规律的探究，这种人文社会科学的学术研究是应对国外意识形态渗透的有效策略，因此其道德性相比其他专业课的学术研究也更显著，开展这类研究有着更加强烈的道德诉求。最后，高校思想政治理论课教师是作为知识分子存在的社会力量，他们是教师、是学者甚至是某一领域的专家和权威。布鲁贝克在《高等教育哲学》中曾提出，学者负有"对本学科的责任"②，他们学术研究中所发表的意见和对一般社会问题所发表的意见对社会的影响是有很大不同的，他们追求真理、寻找规律、明辨是非是对学问和学术应有的道德责任，身份的特殊性导致思想政治理论课教师对社会承担更多的责任与使命。学术研究的目的不单是为了获得知识，而是从求知的

---

① 崔延强，邓磊. 论大学的学术责任——现代大学学术研究的四重属性 [J]. 教育研究，2014（01）：84.
② 约翰·S. 布鲁贝克. 高等教育哲学 [M]. 王承绪，等译. 杭州：浙江教育出版社，2001：121.

过程中体验理性，从探索的实践中完善人格，其终极指向是从学术突破中把握"善"与"正义"，而以德立学的道德诉求能够使思想政治理论课教师更好地承担对国家、对社会的道德责任。思想政治理论课教师的"立德修业"，必须涵泳于所处的历史传统与社会文化的肥沃土壤中，必须融入我国传统教师伦理文化体系，它要求教师秉承"格物、致知、诚意、正心、修身、齐家、治国、平天下"之文化宗旨，具有"为天地立心，为生民立命，为往圣继绝学，为万世开太平"的使命意识。这意味着，思想政治理论课教师首先要是一个爱国主义者，要心怀天下，能够善于吸取中华民族的优秀文化遗产，继承和弘扬民族精神。其次要以德立人、以德立身、以德立学、以德施教，坚持知行合一，通过自己的道德努力，成为大众的人格典范与可信、可敬、可靠的"有德之师"。这也是教师职业伦理追求的永恒精神价值。为此，思想政治理论课教师要以一颗赤子之心，具有为学生、为学校、为他人、为社会、为国家着想的良知和文化自觉，明确自身的道德责任，以身示范。①

坚持"四个统一"，尤其是坚持学术领域的潜心问道和关注社会相统一、学术自由和学术规范相统一，才能引领思想政治理论课教师以道德为标准来约束自己的学术研究，才能使他们遵循学术道德和学术伦理，发挥自己的主体性，始终以严谨、科学的态度和求真、务实的精神进行学术探究并将学术成果更好地造福社会。

三、引领思想政治理论课教师"以德施教"

《礼记·大学》开宗明义地指出，"大学之道，在明明德，在亲民，

---

① 许烨，新时代思政课教师的基本要求. 贵州日报［N］. 2019-03-27.

在止于至善",明明德是排在第一位的大学首要的目标和任务,这里第一个"明"是动词,作明放、彰显、发扬的意思,第二个"明"是形容词,是指正大光明、公正开明之意,德就是指德行、社会风尚。"大学之为大,就是在授业解惑中引人以大道、启人以大智,使人努力成为栋梁之材"①。而使人明明德、引人以大道、启人以大智的目标是通过教师的教育教学活动实现的,教师只有以德施教,才能促成这些目标的完成。立德是以德施教的前提,是高校对受教育者的培养准则,也是教育者的育人准则。习近平总书记"四个统一"师德观是基于现阶段我国经济社会文化发展形势、高等教育发展趋势的基础上,形成的具有开阔视野的思想论断。"四个统一"师德观体现了习近平总书记对教育趋势的准确判断,对民族复兴的使命担当,对教育问题的深刻思考,对思政课教师的再次定位,它包含了当前我国思政课师资建设的具体要求、精确内涵、实质作用、现实启示及实施路径等内容,是习近平教育观逐步形成的重要标志。

做到"四个统一",能够引领思想政治理论课教师观念和意识的转变。观念的转变是行动转变的前提,只有首先将"四个统一"内化于心,明确其内涵,了解其要求,掌握其价值,才能从内心真正认可这一思想,才能引发自身观念的转变,将"四个统一"变为一种惯常的、不自知的行为习惯,在教书育人中、在言传身教中以德施教。做好"四个统一",能够使思想政治理论课教学活动得到来自道德的保障。首先从学校层次上来讲,现在很多高等院校的思政课教育方法不先进,本本主义、教条化严重,学生上完课收获很小,课堂气氛和效果都没有达到理想的效果。特别是随着社会经济的发展,"00 后"的出现,导致

---

① 黄蓉生,崔健. 坚持把立德树人作为中心环节[J]. 国家教育行政学院学报,2017(01):10.

现在高校学生个体与过去的学生在道德教育方面，还是有明显的区别，上课如果还是传统的教学模式，那么道德教育的效果肯定要大打折扣。其次从思想政治理论课教师层次上讲，教书育人是教师的使命，但是当前社会中，部分教师的行为却偏离了社会的要求，在教学和育人之间，重智轻德，只关注学生的分数、就业等工具性的价值，大搞知识教育，把教育的重点放到教学上。以知识教育来评估和考核每一个在校学生，把学习成绩的优良与否当作评价学生是否优秀的唯一标准，长久如此，就会使学生的思想和生活出现各种不良的情况，甚至导致了某些学生不良人格的形成。这种做法忽视了人格培养、品德示范等意义性价值。更有甚者，受市场经济的负面作用和国外思潮的影响，将错误的思想和观点在课堂上传递，败坏高校的育人环境，对学生产生极为不利的影响。"作为社会发展的中坚力量和批判社会的'良心'，大学理应成为传递、批判和探索道德知识，塑造高尚道德情怀的优秀青年，以及营造社会良好风尚的先锋"①，大学完成这些目标的基础之一在于是否具有高尚道德的思想政治理论课教师队伍。而做好"四个统一"，能够使思想政治理论课的教学效果得到来自道德的保障。

因此，"四个统一"师德观有利于引领思想政治理论课教师以德施教，尤其是针对教学过程的前两个统一即教书和育人相统一、言传和身教相统一，能够以一种实践的视角促使思想政治理论课教师用道德来自我约束，规范自身的教学行为，同时，促使他们在教学实践中更加注重道德对学生的教化作用，以提升学生整体的道德品质。思想政治教育工作者要根据时代发展不断推进课程体系建设，把思政课建设纳入我国高等教育发展大局中去，不断提升思政课的课程地位和教学效果；同时也

---

① 邓达. 知识论域下的高校德育课程［D］. 重庆：西南大学，2008：89.

要同目前社会上出现的不良思潮和错误观点做斗争,旗帜鲜明地讲好中国故事,理直气壮地宣讲党的政策。要坚持把马克思主义中国化的最新成果贯穿授课的全过程,运用最新的理论观点去引导学生,开展思政课教学改革,把课堂教学和社会实践相结合,发挥好思政育人、社会育人、活动育人等全方位育人的有机结合。"思想政治工作从根本上说是做人的工作,必须围绕学生、关照学生、服务学生,不断提高学生思想水平、政治觉悟、道德品质、文化素养,让学生成为德才兼备、全面发展的人才"①,这是高校立德树人的基本价值取向,在这一价值的指引下,以"四个统一"为标准要求思想政治理论课教师建设良好的师德师风,是促使他们以德立身、以德立学、以德施教的重要保证;发挥"四个统一"师德观的目的价值,提升思想政治理论课教师的道德素质,是提高高校思想政治工作能力和水平的精神保障。

---

① 习近平. 在全国高校思想政治工作会议上的讲话 [N]. 人民日报,2016-12-09.

第三章

"四个统一"师德观提出的马克思主义理论基础

在 2018 年 5 月 4 号召开的纪念马克思诞辰 200 周年的大会上,习近平指出"马克思主义是最有价值、最有影响力的精神财富"①。就在马克思诞辰 200 周年大会的前一天,在北京大学师生座谈会上的讲话中,习近平还对北大师生强调提出,"马克思主义是我们立党立国的根本指导思想,也是我国大学最鲜亮的底色"②。马克思主义是科学的理论,是实践的理论,是始终站在时代前沿的、不断发展和开放的理论,习近平新时代中国特色社会主义思想是马克思主义最新的理论成果,是在继承马克思主义的基础之上,与中国的现实国情相结合创造性地提出的重大理论。"四个统一"师德观作为习近平思想的重要组成部分,也是在继承和发展马克思主义的基础之上创造性地提出的,因此要寻找它的理论基础,同样需要回到马克思那里寻找答案。本章将教书和育人相统一、言传和身教相统一、潜心问道和关注社会相统一、学术自由和学术规范相统一的理论基础分别概括为真理与价值相统一、感性与理性相统一、理论与实践相统一、自由与必然相统一,将马克思主义与思想政治教育相结合,创新性地阐述了"四个统一"师德观的马克思主义理

---

① 习近平. 在纪念马克思诞辰 200 周年大会上的讲话 [N]. 人民日报,2018-05-04.
② 习近平. 在北京大学师生座谈会上的讲话 [N]. 人民日报,2018-05-03.

论基础。

第一节 马克思主义的"真理与价值相统一"原理

一、真理和价值的内在统一性

真理和价值的辩证统一关系主要体现在以下三个方面①：首先，成功的实践必然是以真理和价值的辩证统一为前提的。既遵循真理尺度，又符合价值尺度，将二者有机地结合起来是促成实践活动成功的前提，按科学规律办事的同时满足人的需要是达成目标的关键。其次，价值的形成和实现以坚持真理为前提，而真理又必然是有价值的。实践活动的动因是人们对于价值实现的追求，但价值的实现必须以对相关真理的正确把握为前提，倘若不能正确把握真理，就不能形成正确的价值目标，从而无法达成主体所追求的意义与价值，实践活动也必然以失败告终。而真理必然是具有价值的，它能够为实践提供科学的主客体尺度以及正确的价值目标，指导实践活动顺利地进行。最后，真理和价值在实践和认识活动中是相互引导、相互促进的。相互引导表现在价值追求的指向规定着认识活动的指向，人们追求真理的目的是为了实现价值，人们探索相关真理也是为了满足自身需要的价值追求；真理是客观的、不断发展的，这一特性指引着人们提出新的价值目标和价值追求，因此真理的发展影响了价值发展的方向和程度。相互促进表现在真理的前进和发展

---

① 马克思主义基本原理概论编写组. 马克思主义基本原理 [M]. 北京：高等教育出版社，2010：84.

促进价值的不断实现，促进人们更深刻、更全面地理解世界的发展趋向，引导人们价值追求的合理化；价值的实现也推动着真理的发展，价值由小及大、由浅及深、由近及远地实现，人们对真理的把握就越全面、越深刻，继续探索真理的愿望就越强烈。

真理和价值相统一是人类实践的根本原则，在实践当中，真理既是制约实践发展方向和水平的客观尺度，又是实践所追求的价值目标；价值既是实践活动追求的最终目标，又是制约实践的主体尺度，真理和价值在实践基础上是辩证统一的，这一原理也是马克思主义唯物史观的根本方法。马克思主义认为，人是实践的存在物，实践是人的存在方式，是人们有计划、有目的地改造客观世界的物质性活动，这是实践的本质特性。但是，实践不是盲目的、随意的、无目的的，而是有规律的，任何实践活动的进行都需要尊重客观规律，人的主观能动性的发挥必须合规律性，否则，实践不可能获得成功；实践也是有目的的，人在实践中按照自己的目的和设想去开展活动，满足自己的需要，否则，实践就失去了进行的意义。所谓合规律性是指"指导实践的认识必须符合客观规律，达到对客观事物的真理性认识"[①]，所谓合目的性是指"实践及其结果必须符合主体自身的需要、利益等价值追求"[②]，合规律性与合目的性实质上就是真理问题和价值问题，人的实践只有既服从真理的需要又服从价值的需要，才能获得最终的成功，才能达到实践的意义。如果没有价值作为实践的动力推动，主体就失去了实践的积极性，失去了改造世界的热情和活力；如果缺少真理作为实践进行的原则，主体的精

---

① 张义生. 真理与价值相统一：马克思主义理论创新的根本原则 [J]. 中共中央党校学报，2005（04）：17-18.
② 张义生. 真理与价值相统一：马克思主义理论创新的根本原则 [J]. 中共中央党校学报，2005（04）：18.

神世界就会匮乏，最终陷入生存的困境。因此，任何实践活动都必须满足真理和价值统一的原理，既遵循客观规律，服从真理的要求，又符合人的目的和意愿，体现人的价值要求。

二、"教书"与"真理"的内在相关性

教学世界是人类自为的融物质与精神于一体的以实现生命可能性为目标的场域，教学世界分为"教"与"学"两个环节，教即教书、教育，学即学习，教与学的过程是知识的传递与吸收的过程，而知识在本质上就是真理，因此教书和真理具有内在相关性。真理是客观事物及其规律在人的头脑中的正确反映，真理的本质是对外部世界的科学认识（由于真理是绝对性和相对性的统一，所以这种认知可能具有阶段性）。教育者在教学活动中传授的就是作为真理而存在的知识，知识是客观存在的、来自于社会实践中的人类认识世界的成果，既然是来自认识客观世界的实践成果，那么这一成果就具有客观性，是实践意义上的客观存在而非根据个人意志的主观臆断。知识的客观性突出地表现为真理性，这样一来，教师在课堂上通过教书活动传播知识的过程就是人类社会进行真理传递的过程，学生接收和掌握知识的过程就是他们用真理武装头脑指导自身实践的过程。心理学在探讨学与教的实质时认为教的本身不是目的，而是为了促进学习者更好地学习，使学生真正地学、由学到会学，学会学习、学会创造[①]，从而具备更加强大的获取真理的能力。如果按照心理学的分类将人的能力分为知情意行，那么教书就是通过教育者的实践在"知"的层面上使受教育者明白什么是真理，教育者将人

---

① 桂世权. 心理学［M］. 成都：西南交通大学出版社，2015：287-288.

类长期实践形成的、已经达成的共识性的知识和经验作为理论知识教学的基础和素材对受教育者进行灌输和教导，使其通过分析这些素材提高对某一领域专业性认识，深刻理解自己生存的意义，为生活世界和其他工具世界的探索作铺垫，为享用生活、把握生命的体验性赋予目的意义。教书这一活动就是通过灌输和传播真理，激发受教育者对无边真理世界的探讨，实现培养人才、为生活世界服务的目的。

思想政治理论课教师是党的理论、路线、方针、政策的宣讲者，是大学生健康成长的引路人，他们向学生传播的不是具体的某一专业领域的基础知识，而是马克思主义理论知识，是科学的、正确的理论体系，是颠扑不破的真理。习近平在马克思诞辰200周年纪念讲话中强调"马克思主义是科学的理论，创造性揭示了人类社会发展规律；马克思主义是人民的理论，第一次创立了人民实现自身解放的思想体系；马克思主义是实践的理论，指引着人民改造世界的行动；马克思主义是不断发展的开放的理论，始终站在时代的前沿"[①]。马克思主义为人民指明了实现人类自由解放的道路，指明了依靠人民推动历史前进的人间正道，为人们认识世界、改造世界提供了强大的精神力量。它的科学性和真理性在与中国特色社会主义结合的实践中得到了充分的检验，在实现中华民族伟大复兴的历史进程中得到了彻底地彰显，为我们提供了认识世界、把握规律、追求真理、改造世界的强大思想武器。因此，思想政治理论课教师的主要任务是用马克思主义中国化最新成果武装广大学生头脑，而马克思主义的科学性和真理性已经得到历史和实践的检验，所以他们的教书活动与其他专业课教师相比更加体现了真理的传播和理论价值的传递，教书和真理的内在相关性不言自明。

---

① 习近平. 在纪念马克思诞辰200周年大会上的讲话［N］. 人民日报，2018-05-04.

三、"育人"与"价值"的内在相关性

习近平在全国高校思想政治工作会议上强调,"把思想政治工作贯穿教育教学全过程,实现全程育人、全方位育人"①。在北京大学师生座谈会上的讲话中,习近平再次指出,"人才培养一定是育人和育才相统一的过程,而育人是本"②,将"育人"的任务摆在了高等教育的优先位置。人才培养的根本在于育人,育人的根本在于立德,这是人才培养的辩证法。但育人活动不是盲目地、毫无目的地进行的,而是基于一定社会发展的需要,本着一定的目标,以实现某种价值为最终取向的活动。"'价值'这个普通的概念是从人们对待满足他们需要的外界物的关系中产生的,表示物对人有用或使人愉快等的属性"③。价值按照不同的尺度和分类可以划分为不同的类型,在此我们将价值按照满足不同主体需要的属性,即人的行为对人自身和对社会发展的不同需要划分为道德价值和政治价值,前者是指人的行为对于人与人之间社会关系和伦理秩序的意义,从育人的角度看也就是育人活动对塑造人的行为、满足人类社会交往的需要和社会良性发展的价值;后者是指人的行为对于社会和国家的政治现象与政治活动所产生的意义,从育人的角度看也就是育人活动对文化传承、国家存续以及制度运行的价值。"育人"不仅需要对人的思想产生影响,还需要对人的行为提供指导,为社会培养思想积极向上、价值观正确稳定、道德修养高尚的人是育人的道德要求,为

---

① 习近平. 在全国高校思想政治工作会议上的讲话 [N]. 人民日报, 2016-12-09.
② 习近平. 在北京大学师生座谈会上的讲话 [N]. 人民日报, 2018-05-2.
③ 马克思, 恩格斯. 马克思恩格斯全集(第19卷)[M]. 北京: 人民出版社, 1963: 406.

社会培养德智体美全面发展的社会主义建设者和接班人是育人的政治要求。在目标指向上，前者能够形成德性，后者则能形成正义，二者都以"善"为最终目的，而"善"是一种高度普遍性的理想价值，因此育人和价值也具有了内在相关性。"善"对人的生存、进步、发展具有普遍的肯定性意义，使培育之人能够达到"善"的层面也就意味着育人活动实现了最高标准和追求。康德在其《德性论》当中提出过"至善是道德哲学的最终目标"的论述，他在幸福和道德的对立统一中看到了"至善"的存在并将其作为实践理性的最终对象。他认为，道德法则是客观存在的，道德律令具有不可抗拒的力量，它适用于作为有限的理性者的人，这些人承认道德律令的权威，而且他们服从道德法则的行为也是心甘情愿的，他们借助理性，打败阻碍自己履行义务的自然冲动，将自我的完善与他人的幸福视为实践理性自身的目的，同时也是责任的目的，以实现"善"作为实践理性的最终追求。康德始终认为因为人是理性的，且具有内在自由和自主性，因此人的德性是能够自足的[①]，每个人都能够成为有德性的人，德性是人类追求善和完全的道德力量的重要条件，换句话说，德性就是作为一种至善而存在的。学者孙正聿曾就哲学对人的影响进行过深刻的论述，提出哲学是"使人成为人，而不是成为某种人的学问"，笔者认为，育人目标的实现可以借用这一阐释，即育人也是使人成为人而不是成为某种人的活动，而所谓"使人成为人"从本义上说，就是教导人经过循序渐进的阶段达到至善的道德境界，就是将何为"至善"以及"如何求得至善"作为一种目标追求传递给受教育者，使之形成自身成长和社会发展需要的道德。育人的根本目的也正是在于使人达到或者回归"善"，而这一目标的最终价值

---

① 刘静. 正当与德性——康德伦理学的反思与重构[M]. 北京：中国社会科学出版社，2015：178.

指向即实现善与正义。

众所周知，科学知识是个事实问题，即试图知道事实"是这样"或者"不是这样"，而对于人文知识来说，"事实"问题只是人文探究中的一个极小的部分，另外更大的部分是在"是这样"的基础之上把事情"做成这样"还是"做成那样"的问题，尤其是对于思想政治教育这一特殊的教育方式来说，它更承载着"溢出事实之外的价值负荷性"①，"人文知识陈述的是经过价值解释、理解和选择了的事实，是一个被意义化、价值化了的——即被主观化了的客观事实"②。回归到思想政治理论课教师主体，他们是党的理论、路线、方针、政策的宣讲者，因此其育人行为因身份和角色的特殊性而具有了区别于专业课教师的深刻意义，也因此更加具有道德和政治的双重价值，一方面，思想政治理论课教师的一言一行都给学生以极大的影响，是以德施教、以德立身的楷模，职业的责任和使命要求他们为社会培养和输送道德高尚的大学生群体；另一方面，他们承担着为社会主义现代化建设事业培养建设者和接班人的任务和责任，担负着新时代思想政治教育的新使命。综上所述，育人与价值的关系在育人活动的开展推动价值目标实现的过程中显而易见了。

四、教书育人中的"真理与价值相统一"

百年大计，教育为本。教育大计，教师为本。思想政治理论课是党和国家进行思想政治教育的主渠道，思想政治理论课教师是高校教师队伍中的重要力量，是大学生健康成长的指导者和引路人，他们开展教育

---

① 张祥云. 大学教育回归人文之蕴 [M]. 广州：中山大学出版社，2004：100.
② 张祥云. 大学教育回归人文之蕴 [M]. 广州：中山大学出版社，2004：100.

活动必须要坚持教书和育人相统一。教书的过程即真理传递的过程，育人的过程即价值实现的过程，教书和育人相统一的基础和实质就是真理与价值相统一。《礼记》曾讲，"师者也，教之以事而喻诸德也"，提出了作为教师要注重德才兼备，不仅要教授学生以"谋事之才"，更要传授学生以"立世之德"，而才与德的关系本质上也是真理和价值的关系。教书和育人作为为社会培养人才的实践活动，必然是以真理和价值的统一为前提的，教书遵循真理尺度，即按照科学知识和科学规律向学生传授，育人符合价值尺度，即满足人自身和社会的需要，二者有机地统一起来才能达到立德树人的目的，实现教育的实效性。育人价值的实现以通过教书传播的真理作为前提，而教师在课堂上传递的真理又必然是具有价值的。

真理在传播的过程中具有价值观负载，思想政治理论课教师在向学生传授马克思主义理论知识，对学生进行党的基本理论、政策、路线、方针教育，引导学生树立科学的世界观和方法论的同时，需要从内心深处认可上述思想政治教育的内容，承认它们的真理属性并将其作为一种价值观，一种社会主义本质的东西向学生进行传播，完成思想政治教育内容所负载的方向和要求，实现社会主义意识形态的价值观教育。以上是作为价值存在的真理，是思想政治教育内容以真理形式存在对社会发展、国家存续、制度运行产生的价值。思想政治工作从根本上说是做人的工作，为了让学生成为德才兼备、全面发展的人才，高校教师在教书的同时必须完成育人的目标，育人与价值的相关性在上文中已展开论述，高等教育肩负着培养德智体美全面发展的社会主义事业建设者和接班人的重大任务，育人工作的开展必须服务于这一目标和方向，为中国共产党治国理政服务，为巩固和发展中国特色社会主义制度服务，为改革开放和社会主义现代化建设服务。只有教书和育人在思想政治理论课教师的工作中相互依存、互相交融,作为"真理"的价值和作为"价值"的真理才能在实践基础上达到融合的状态,教书和育人才能在真理和价值的统一中完成培养人的目标。

第二节 马克思主义的"感性与理性相统一"原理

一、感性和理性的内在统一性

认识运动是一个辩证发展的过程,即从实践到认识,再从认识到实践,不断反复、无限发展。在从实践到认识这一环节中,经历了从感性认识到理性认识的飞跃。"感性认识是人们在实践基础上,由感觉器官直接感受到的关于事物的现象、事物的外部联系、事物的各个方面的认识,包括感觉、知觉和表象三种形式"[1]。感性认识是人们对事物直观的认识,是认识的初级阶段,其突出的特点表现为直观性,即对事物的认识处于相对直观的表层,它是用具体的、生动的形象直接反映外部的客观世界,事物所表现出的现象是它的主要内容,而对关于事物本质的认识却十分模糊。感性认识虽然是生动的、形象的,但往往不够深刻,这正是感性认识的局限性所在,也是感性认识上升到理性认识的根本原因。"理性认识是指人们借助抽象思维,在概括整理大量感性材料的基

---

[1] 马克思主义基本原理编写组. 马克思主义基本原理 [M]. 北京:高等教育出版社,2010:68.

础上，达到关于事物的本质、全体、内部联系和事物自身规律性的认识"①。概念、判断和推理是理性认识的三种形式，也是理性认识从低级到高级发展的过程。理性认识是认识的高级阶段，它以反映事物的深刻本质为主要内容，具有间接性、抽象性的特点。

感性认识和理性认识是辩证统一的关系。首先，理性认识必须依赖于感性认识，感性认识是理性认识的基础。任何理性认识的获得必须依靠感性认识为其提供素材。其次，单纯依靠感性认识无法深刻地理解和认识世界，因此感性认识有待于发展和深化为理性认识，只有这样，才能通过事物的表面去把握事物的本质，才能满足实践对更高层面认识的需要。最后，感性认识和理性认识相互渗透，相互包含，相互融合，将二者进行区分是为了理论研究的准确性，因此这种区分是相对的，人们不应当将其截然分开，强制对立。感性和理性之间具有内在统一性，统一的基础是实践，实践不仅产生了认识的需要，还为认识提供了可能，在使认识得以产生和发展的同时，还作为检验认识的唯一标准而存在。因此，无论是感性认识还是感性认识到理性认识的过渡都是在实践中产生的，实践为其提供了活动的场域，没有实践，就没有感性认识和理性认识的来源，更谈不上二者之间的转换。如果割裂认识和实践之间辩证统一的关系，就会走向唯理论和经验论，在实际工作中，就会出现教条主义和经验主义的倾向，甚至酿成错误。因此，要想实现感性认识向理性认识的过渡，必须具备两个基本条件：一是通过大量积极实践、深入调查，先获得感性层面上的、合乎实际的丰富材料，这是正确实现由感性认识到理性认识的基础；二是必须经过人的理性思考，将丰富直观的

---

① 马克思主义基本原理编写组. 马克思主义基本原理［M］. 北京：高等教育出版社，2010：68.

感性材料去粗取精、去伪存真、由此及彼、由表及里地加工和改造，运用辩证思维的科学方法，才能将感性认识上升为理性认识，才能获得正确的认识，不断接近真理。综上所述，感性和理性之间具有内在统一性，二者相互依存、相互支撑，通过实践的途径共同为不断检验和证明真理而努力，以求得实现认识和实践的具体的历史的统一。

二、"言传"与"理性"的内在相关性

教师对学生进行言教的过程是一个理论知识传播的过程，是教师将已经熟记、理解和内化的知识传递给学生，使之掌握科学知识、形成社会需要的技能的过程。但是，知识传递的过程不是强制地进行理论知识灌输的过程，不是社会规范的简单"告知"，也不是单纯通过"我说你听，我打你通"的简单、粗暴的方式进行教育的过程，而是一个教师对学生进行"有理说理"的过程，是将理论知识的深层内涵通过科学合理的解释深入地剖析其本质、挖掘其规律，将其内在的科学性和真理性通过全面的讲解传授给学生使学生掌握相关知识并将其内化为自己立足社会之生存技能的过程，是在自己全面深刻地理解和把握社会规范的同时对其内涵、价值、意义进行诠释的过程。换句话说，言教的过程实质是一个理性认识传播的过程，通过语言的传递，将事物的本质、全体、内部联系和事物自身规律性的认识转移到学生头脑中，利用教师的抽象思维使学生也达到对某一领域认识的高级阶段，使学生能够更好地内化。然而，言传不仅需要有理说理，还需要以理服人，理论只有能够说服人，才能够被人主动地吸收和接纳，倘若教师受思想理论素养和传递技能、传授方法等条件的限制无法用理论的内在科学性说服人，那么学生就无法通过知情意的转化将其内化为自己头脑中的内容，从而也就

无法应用这些科学的理论知识来指导实践活动的展开。马克思曾指出，"理论一经掌握群众，也会变成物质力量。理论只要说服人，就能掌握群众；而理论只要彻底，就能说服人。所谓彻底，就是抓住事物的根本"①。由此可见，教师要想使理论内化为学生自身的本领，变成控制和引导学生思想的物质力量，就必须抓住事物的根本属性，做到彻底地以理服人，这样他们传授的内容才能变成指导学生思想的精神力量。

思想政治理论课教师在教学实践中也要做到"有理说理"和"以理服人"。首先，思想政治理论课教师向学生传递的是马克思主义理论知识，马克思主义是被实践证明了的、经过历史和人民检验的真理学说，是当今世界最有价值、最具影响力的精神财富，它创造性地揭示了人类社会发展规律，创立了人民实现自身解放的思想体系，指引着人民改造世界的行动，为人民认识世界改造世界提供了强大的思想武器。对中国来说，十月革命一声炮响为中国送来了马克思主义，自此，苦苦探寻救亡图存的中国社会有了出路和方向，国家和民族的发展有了全新的选择，在马克思主义的指导下我们先后经历了中国共产党诞生，实现了改革开放，步入了新时代。历史和实践充分地证明了马克思主义的真理性。而马克思主义内容本身的科学性、马克思主义理论成果的真理性都需要思想政治理论课教师在日常的教学工作中向学生灌输和展开，这种实事求是基础上的"有理说理"的过程就是理性运用和发挥的过程。然而，政治理论课的课程属性和思想政治理论课教师的角色特殊性不仅要求做到教学内容的有理说理，还要做到"以理服人"，以理服人的过程也是发挥理论的价值以理论自身的科学性说服广大学生的过程。只有将马克思主义内在的科学性，即马克思主义最根本的世界观和方法论

---

① 马克思，恩格斯. 马克思恩格斯选集（第1卷）[M]. 北京：人民出版社，1995：9.

——辩证唯物主义和历史唯物主义,马克思主义最鲜明的政治立场——实现最广大人民群众的根本利益,马克思主义最重要的理论品质——实事求是和马克思主义最崇高的社会理想——实现共产主义社会真正灌输和深入到学生的头脑中,使其真正认可马克思主义理论内在的价值和魅力,认可马克思主义作为科学的理论体系的正当性并通过学习马克思主义来指导自身实践,才算做到了思想政治理论课"以理服人"。由此可见,言传的过程就是教师有理说理、以理服人的过程,是教师理性地进行知识传播并通过理论本身的科学性去说服和影响学生,使之用科学的理论武装头脑、从事改造社会的实践活动的过程。由此,教师言传和理性之间就具有了内在的相关性。

三、"身教"与"感性"的内在相关性

如果说言教是一种用理性的方式进行知识传授的过程,那么身教就是一种用感性的方式进行行为感染的过程,不论是就身教方式的选择对学生的感性化影响还是就学生通过接受教育感性地形成一定的行为方式,都必然是通过感性认识这一途径来对学生产生影响的。鉴于言语在传递信息过程中的局限性,必须重视教师的行为方式,尽管行为方式可以被教师加工之后再对学生进行展示,但行为要想像语言一样被修饰的完美无瑕之后再进行传递是很困难的,因为行为方式具有主观性,教师自身不易觉察的细微动作都有可能被学生观察到并不自觉地进行模仿,因此身教从其本质来看是一种感性教育方式,是通过教师正确的行为感化、教导学生使之形成良好的思想品德,是使学生从观察、接受教师行为到转化为自身行为的催化剂,是达到教育效果的重要保证。身教带给学生的影响是直观的,是教师的行为举止直观地展现给学生,学生可以

透过感觉器官直接感受到。教师积极向上、正直正确的行为举止不仅可以展示教师的人格魅力，还能以一种"润物细无声"的方式感化学生，使学生对教师的教育表示接受、对教师的品行表示钦佩、对教师的行为举止进行模仿。

在身教过程中，教师品行的选择和示范具有重要的意义。首先，教师的某些行为方式本身很难区分好坏，但经过久而久之的不自觉的影响和传递，长期在教师的熏陶和感染下的学生很容易按照教师的行为趋向发展，因此教师的某些无关道德的习惯问题容易误导学生朝着不利于自己身心健康的方向发展，本身模糊的思想观念很容易转变为不良的行为规范。其次，"教师不雅和恶劣的行为被学生看到，并被学生模仿，为自己的叛逆行为找一个理由，披上一层合理的外衣"①。众所周知，一个良好的行为可能需要很长的时间来培养，建立起这样的习惯和行为十分不易，但是，使人变坏的理由和借口却触手可及，教师的某些不良行为刚好为学生所利用，给了学生劣行以正当的理由，这样一来，学生产生这些行为就心安理得了。而这些，都可能通过日常实践中"身教"的感性影响而产生。以上都是教师的品行选择和示范以感性的方式存在对学生产生的影响，对思想政治理论课教师来说这种影响的程度则更为明显，因为他们是对学生的思想品德施加教育影响的个体，在思想政治教育过程中，社会所要求的思想品德规范主要是通过他们传导给大学生的，在德育过程中，他们承担着比专业课教师更重要的职能，即向大学生传导社会要求的价值观念、政治观点和道德规范的职能。而在他们自己去表现和践行这些内容时，身教对大学生的影响力度往往比言教更为突出，它以一种感性的、柔和的方式对大学生认同并接受社会规范的意

---

① 樊昕. 关于高校教师言传身教现实意义的研究［J］. 教育教学论坛，2016（33）：41.

识进行培养，对大学生在生活实践中根据角色的规定和情境的要求恰当地践行社会规范能力进行训练，对大学生主体能动性的发挥进行促进和激励，对大学生更好地内化思想品德规范提供行为上的支撑。可见，身教以感性的方式存在于大学生思想政治教育过程中，身教与感性的内在相关性也在思想政治理论课教师向大学生传导价值观念、道德规范的现实实践中体现出来了。

四、言传身教中的"感性与理性相统一"

古人说："师者，人之模范也"。在学生眼里，老师是"吐辞为经、举足为法"的典范，教师的形象在一"吐辞"、一"举足"的实践中方能体现出来，而所谓吐辞和举足换成今天的话讲就可以理解为言传和身教。教师的一言一行都给学生以极大的影响，教师的思想政治状况和教师的行为方式都具有很强的示范性，都从不同的层面对学生的健康成长提供导向、树立典范，理性的言教与感性的身教相统一，共同服务于教育活动的开展。思想政治理论课教师又担任着大学生健康成长的指导者和引路人的角色，因此他们在言传身教中坚持感性与理性相统一，既用良好的思想品德感染、引领学生，又将社会规范的价值、意义传授给学生，具有重要的现实意义。

言传身教下的感性与理性相统一是思想政治理论课教师健全人格的重要表现。对思想政治理论课教师来说，在感性与理性的统一中坚持言传和身教相结合是他们健全人格的重要体现，因为一个只进行理论教育而不通过实践为学生树立行为楷模，甚至在实践中的表现与自己课堂上的讲授相违背的教师不能称之为是人格健全的好教师。一方面，言传和身教相统一本身就是政治理论课对教师最底线的要求，是教师做好学生学习典范的基本条件，是教师健全人格和良好职业道德的表征；另一方面，言教与理性的相关性和身教与感性的相关性又为思想政治理论课教师在教学活动中坚持感性与理性相结合进行言传身教提出了要求和规范，作为思想政治理论课教师，一定要心理健康、人格健全，这是角色要求必须坚持的底线。言行一致下的感性与理性相统一是思想政治理论课教师高尚思想品德的必然要求。人的思想和品德都表现在言论和行动两个方面，人的行动要符合自己的言论，人的言论要反映一个人的真实的思想。言行一致的实质是人的思想、品德和人的行为的一致，在言行上宣扬自己具有高尚的思想品德并不难，难的是在行为中体现和落实这些优秀的品德，没有相应的行为体现，就不能说自己具有高尚的思想品德。对思想政治理论课教师思想品德的要求更是如此，在感性与理性的结合当中始终做到言行一致，去教育影响学生，去感染化解学生是教师具备高尚道德的基本前提，"教师在课堂上讲的当然都是好的言语，他们要求于学生的也是好的思想品德，他们的这些言论要与自己的行为相一致，他们所传授和倡导的思想品德应该得到他们自己行为上的佐证"[①]，因此感性与理性结合下的言行一致是思想政治理论课教师职业道德的应有之义。以身作则下的感性与理性统一是思想政治理论课教师开展德育活动的内在要求。教师能否做到表里如一、以身作则是教师行为对学生思想产生影响的关键；教师行为是否符合他向学生传授的道理是高校思想政治教育过程的内在要素。正是因为教师的言论和行为直接影响学生对教学内容接受的程度，直接关系到学生的思想品德能否形成，所以教师要在感性与理性相统一的标准下做到以身作则，课堂理性的言教所教授的内容他们需要自己首先做到并通过理性的运用进行传

---

① 刘建军. 论师德师风建设的"四个统一"[J]. 中国高校社会科学，2017（02）：15.

递，课堂之外感性的身教需要引起自身足够的重视并通过感性的化育进行熏陶，如果作为道德楷模和人之模范的思想政治理论课教师都无法做到以身作则、率先垂范，那么思想政治教育也就失去了获得实效性的可能。只有做好感性与理性的统一，在思想政治教育过程中平衡好感性运用与理性运用的关系，才能实现言传身教的实际效果。

第三节　马克思主义的"理论与实践相统一"原理

一、理论与实践的内在统一性

理论和实践的具体的、历史的统一是马克思主义哲学的基本原则。马克思在《关于费尔巴哈的提纲》中，以实践为主线，正面阐述了新唯物主义的基本思想，深刻阐释了科学的实践观，为人们指出了理论和实践的关系。马克思提出，"人应该在实践中证明自己思维的真理性，即自己思维的现实性和力量，自己思维的此岸性"[1]，将实践作为证明人的思维是否具有客观真理性的标准，而且将离开实践的思维概括为纯粹的经院哲学问题，揭示了费尔巴哈对实践的错误理解，确立了从实践出发理解自然、人类社会和人的思维的路径。恩格斯曾对《提纲》作出高度评价，认为它"作为包含着新世界观的天才萌芽的第一个文件，是非常宝贵的"。《提纲》中提出的许多振聋发聩的思想至今对人类社会起着非常重要的指导作用，诸如"全部社会生活在本质上是实践的。

---

[1] 马克思,恩格斯. 马克思恩格斯选集（第1卷）[M]. 北京：人民出版社，1995：54-57.

凡是把理论引向神秘主义的神秘东西，都能在人的实践中以及对这个实践的理解中得到合理的解决"①，将全部社会生活的本质属性揭示出来，点明了社会历史是由人的实践活动构成的，实践推动着社会历史的变迁和发展，构成了社会发展的根本动力，还构成了全部的社会关系，与此同时，马克思还对实践解决现实问题的作用进行概括。"哲学家只是用不同的方式解释世界，问题在于改变世界"，指出了旧哲学的缺陷，提出了自己新哲学的任务，将改造世界作为人的本质的基本诉求，而改造世界的根本在于实践，从而揭示了实践是把握人的本质的唯一可能的视野和途径②，将自己的哲学变成了改造世界的理论武器。至此，新唯物主义和旧唯物主义就以是否强调实践在认识中的作用为根本区别区分开来，理论和实践的辩证关系也就由混沌走向科学。

  马克思主义认为，人们认识世界的目的是为了改造世界，要达到这一目的必须要有科学的理论来指导人的实践活动，理论是行动的指南就是从这一意义上指明理论和实践之间辩证关系的。二者之间辩证统一的关系表现在：一方面，理论是实践的基础，理论对实践具有指导作用，只有在正确的思想理论的指导下，才能自觉地实现改造世界的目的；在错误的理论指导下的实践，只会走向历史的对立面。另一方面，只有在实践中才能产生正确的理论，理论只有回到实践中去为群众所掌握，才能变成改造社会的巨大物质力量，真正实现对客观世界的改造；也只有回到实践中，理论才能得到检验和发展。最后，理论的更新和发展可以推动实践的进步，实践的不断发展可以推进理论的完善。只有将已经获得的理论运用到实践中去，在实践中进行检验，正确的理论才能得到证

---

① 马克思，恩格斯. 马克思恩格斯选集（第1卷）[M]. 北京：人民出版社，1995：56.
② 穆艳杰. 马克思主义经典著作精选导读[M]. 长春：吉林大学出版社，2003：82.

实，错误的理论才能得以被发现、纠正或推翻，并且，在指导实践的过程中，理论自身才能得到发展。如果没有将理论运用到实践的过程，对事物的认识就没有真正地完成。从理论到实践的飞跃也是有条件的，从实际出发，坚持一般理论和具体实践相结合，使理论发挥自己真正的指导作用，随着实践的发展不断发展是首要前提；只有经过一定的中介环节，且为群众所掌握，理论才能回到实践中去并变成改造社会的物质力量；正确的实践方法也是理论向实践飞跃的基础，方法选择科学得当，才能实现预期的目标，达到事半功倍的效果。由此，理论和实践的内在统一性在二者之间辩证统一和相互转化的关系中全面地体现出来了。

二、"潜心问道"与"理论"的内在相关性

现代社会中，大学不仅承担着培养专门人才的任务，也承担着知识生产和学术发展的任务，而这些任务的完成与实现，无一不依赖于大学教师职能的发挥，一方面，大学教师承担着为社会培养德智体美全面发展的社会主义建设者和接班人的任务，另一方面，他们还要通过知识的探索和生产推进学术领域的不断更新，促进社会的进步和发展。不论是人才培养还是学术发展，都需要高校教师具备一种"板凳须坐十年冷""独守千秋纸上尘"的意志力，都需要他们首先做到"潜心问道"，所谓潜心问道是指教师探索客观世界发展的本质和规律、人类社会运行和历史发展的规律，寻找社会发展的真理性认识。只有能够静下心来做到潜心问道的大学教师，才能将自己全面理解和把握的真理性认识经过自己的整合与诠释传递给学生，也只有能够做到潜心问道的教师，才能不断地向未知的领域探索，形成新的知识，才能做出好学问与真学问。

潜心问道需要教师埋头于理论，这是因为：首先，"传道"是教育

者的基本职能，而要想更好地进行"传道"，教育者自己首先要"明道"，只有全面地明确和深入地理解了"道"的内容和本质，才能做好传道者的角色，担负起社会发展的神圣使命。其次，要想做到"明道"，教育者需要自己去探究社会发展运行过程中的真理性认识，去挖掘前人留下的宝贵的精神财富，去深入历史研究汲取历史发展中的经验和教训，去继承已有的科学成果并将其作为自己研究能够借鉴的理论基础，去钻研不同的思想、学说之间的关系并在辨别中筛选出优劣。而这些，不仅需要扎实的理论学识、深厚的理论功底，更需要在浮躁的社会中保持一种超然于世的心境、不为外界因素所干扰的初心与决心，这样才能坚守纯粹理论生活的理想，摆脱世俗社会的影响。最后，只有深入到理论中去，掌握大量的理论素材，占有某一领域几乎全部的知识并深谙其中错综复杂的交织关系，才能了解学科发展的动态，理清自己学术领域的方向和趋势。所以，埋头于理论是为了探索能够改造世界的正确的理论，寻找能够指导实践的科学的理论，揭示能够作为人类行动指南的真正的理论。从这一意义上来说，教师在大学的象牙塔中"两耳不闻窗外事"，潜心向学、专心一志，扎扎实实、不容半点虚假地做学问，专注于理论全神贯注地探索世界运行的本质与规律是十分必要的。"潜心问道"的提出对高校教师具有现实针对性，在今天面临社会急剧发展和多样性变化，受各种压力和诱惑的影响人心变得浮躁的背景下，高校教师群体在市场经济的躁动面前保持定力、潜心向学、一心求道具有重要的现实意义。而思想政治理论课教师是对大学生的思想品德进行教育的主体，他们是在大学生的思想上而非专业上施加影响，因此他们所传授的理论的正确性、科学性必须完全保证，对思想政治理论课教师群体而言，静下心来探求马克思主义科学的理论、党的路线方针的正当性与科学性、社会主义核心价值观的内在意蕴、大学生思想品德发展规律等理论并将其有效地灌输到大学生的思想中，后经过大学生内化形成社会要求的品德是他们职业的基本要求，也是完成党和国家赋予其神圣责任与使命的体现。由此，"潜心问道"与"理论"之间就具备了具有说服力的内在相关性。

三、"关注社会"与"实践"的内在相关性

马克思早就提出了"人的本质不是单个人所固有的抽象物，在其现实性上，是一切社会关系的总和"的论断，表明了人的本质属性是社会性，人不能离开社会而生存，人的发展和完善也不能脱离社会场所独自进行，因此人在开展一切活动时都必须要符合社会发展的总基调，立足现实，关注动态，根据社会发展的总体趋势调整自己的步伐以满足社会的需要，因为只有满足社会需要的活动才是符合社会历史发展的总趋势、符合人追求自身意义与价值的实践。而关注社会需要在实践中才能完成，只有在实践中面向社会现实，立足当前境况，不断地从社会中汲取养分和动力，才能实现改造社会的目的，脱离了社会实践，只通过口头表述和思维活动去谈论所谓的"关注社会"是无法获取改造社会的动力来源的。对高校思想政治理论课教师来说更是如此，他们不仅需要埋头理论以夯实基本功和探索更多能够指导实践的理论成果，还需要面向现实开展教育和科研活动，回答实践提出的重大问题，结合课程教学的内容与"以理服人"的要求不断地将自身的研究和实践的成果转化为能够教导学生的素材并将其灌输到学生的头脑中去，因此从工作职责这一层面来说，他们是尤其需要做到关注社会的职业群体。

思想政治理论课教师的职责在于培养大学生的道德素养、人文情怀与法律意识，引导他们用马克思主义的立场、观点和方法分析和解决社

会现实问题，教导他们坚持党的领导、坚持社会主义道路，增强大学生对于中国特色社会主义的道路自信、理论自信、文化自信和制度自信，引领他们做社会主义核心价值观的坚定信仰者、积极传播者和模范践行者，为大学生一生的成长奠定科学的思想基础。做好上述职责、完成上述使命需要教师在教育教学的实践中进行科学理论的传递，需要教师在科研中面向现实自觉地将理论研究与国家重大现实需要相结合，与中国特色社会主义实践相结合，而不论是教学活动还是科研活动，都离不开实践这一大平台。思想政治理论课不同于其他专业课程，课程内在蕴含的学理性和意识形态性对思想政治理论课教师的专业功底和理论水平都提出了极高的要求，因此要求思想政治理论课教师做到立足实践、关注社会是增强意识形态教育的说服力和感召力的重要路径之一。"这些课程蕴含着学理性、先导性、实践性与发展性相统一的要求。历史的穿透力、逻辑的思辨力、理论的说服力以及实践的引导力，构成了思想政治理论课程的内在魅力"①，教师要想开发和驾驭其中的魅力，既需要研究大量的专业文献材料，尤其是马克思主义经典著作，弄清其中的原理和内容，夯实自身的专业基本功；也需要加强对马克思主义中国化最新理论成果的学习和探究，把握其中的理论精髓和其对于实践提出的要求；更需要深入社会实践，了解和把握我国的基本国情，认识国家经济社会发展的基本趋势，关注新时代新形势下社会思潮变化的相关动态。所有这些，都离不开思想政治理论课教师从"埋头理论—专心问道"的模式中走出来，开启关注社会、面向现实的社会实践，从实践中汲取经验和养分，不断地循环往复将经验反哺到新一轮的实践中，不断地优化自身的教学效果，提升思想政治理论课的教学实效性。综上所述，所

---

① 赵中源. 高校思想政治理论课教师的角色定位［J］. 中国高等教育，2016（08）：17.

谓关注社会即在实践中增强对社会的认知,而非单纯从意识领域获取某些浅显的知识,是真正投入社会主义现代化建设的洪流中,使自身一切工作的开展都为社会主义现代化建设服务。

四、潜心问道和关注社会中的"理论与实践相统一"

潜心问道和关注社会的统一本质上就是"理论与实践的统一",思想政治理论课教师潜心向学、静心求道与面向现实、探索实践的要求相结合,统一于立德树人的教育实践活动中,统一于中国特色社会主义现代化建设的实践中,不仅符合时代发展对高校教师提出的新要求,还符合教师这一职业角色对自身提出的基本要求。思想政治理论课历来就有着明确的实践内涵与现实要求,"理论与实践相结合,既是课程教学改革的内在需求,也是提升教师综合素质的必然路径"[①]。

潜心问道和关注社会之间的辩证关系也就内在地表现为理论和实践的辩证关系,一方面,实践是理论之源,是思想之母,脱离实践的理论是经不起历史检验的,是缺乏现实价值的。马克思主义基本原理中社会存在决定社会意识理论就说明了这一道理,社会存在是社会意识内容的客观来源,社会意识的产生需要一定的条件和基础,其中最切近的就是人类改造世界的社会实践活动,实践的能动性决定了意识反映的能动性,因此社会意识根源于社会存在,是对以实践为基础的不断发展变化的现实世界的反映。"关注社会"以及由此所产生的感悟与想法经过思想政治理论课教师的加工和润色转化为能够指导实践的成果,这些成果在现实社会中经过历史和实践的检验确证为具备社会价值的理论,这便

---

① 赵中源. 高校思想政治理论课教师的角色定位[J]. 中国高等教育,2016(08): 16.

是实践是理论之源的真实写照。另一方面，理论反过来又能引导实践，没有正确理论指导的实践是无法获得最终成功的，只有在正确理论的指导下，实践才能朝着正确的、符合历史发展的方向前进。理论是在继承的基础上不断地吸收新的实践经验、新的思想形成新认识的过程，它源于实践又指导实践，以实践为基础的理论创新能够在更高的层次上引领和推动实践活动的开展。"潜心问道"以及由此探索出的相关理论作为精神武器能够指导现实实践，能够为大学生的意识和行动提供方向和途径上的指导。因为一个只重视专业课程的学习，忽视思想政治理论课对人生指导意义从而不具备社会要求的思想品德和道德修养的大学生不能称之为一个完整的人。而在这个过程中，思想政治理论课教师发挥着学生健康成长指导者和引路人的角色责任，只有重视理论对实践活动的重大引导作用，他们才能专心于理论钻研的工作，潜心向学、专心一志、艰苦探索，将科研的成果转化为武装学生思想、改造现实社会的理论武器，服务于社会主义现代化建设的实践，推动社会的进步。由此，潜心问道和关注社会就具备了内在一致性。学者刘建军将二者关系一致的原因概括为两点：一是由"道"本身的性质决定的，二是由"问道"的社会责任决定的。具体而言，"道"不是别的，而是客观世界发展特别是人类社会发展的本质和规律，这些规律将宇宙和人生联系起来，凝结为一种通俗的人生道理反过来指导人的现实实践，因此研究"社会之道"即专注于理论研究是教师"问道"的根本。而所谓"社会之道"自然无法脱离当下社会，更不能离开社会实践，"社会的发展是一个延续过程，我们不能只从历史上研究社会，也应该从现实中研究社会"①，关注社会是潜心问道的内在要求也是实践的进行，是理论发展的内在需

---

① 刘建军. 论师德师风建设的"四个统一"[J]. 中国高校社会科学, 2017（02）: 17.

求。另外，学者治学不仅是基于对学术的主观兴趣，还应基于对社会的责任与使命，兴趣和好奇是学术研究的主观动力。但作为高校教师，尤其是身份特殊的思想政治理论课教师，他们的学者身份中包含着很强的社会责任，不管是服务于教育教学还是服务于社会的革新与进步，抑或是服务于国家的现代化发展，都可以总结为服务于社会主义现代化建设的实践，他们所肩负的立德树人、铸魂育人的重大任务和随之而生的责任感与使命感使其不得不立足实践、面向现实开展教育和科研活动，"潜心问道"这一理论研究的工作因而具备了与实践活动之间的直接相关性。

第四节 马克思主义的"自由与必然相统一"原理

一、自由与必然的内在统一性

自由和必然是揭示事物发展的客观规律与人的实践活动之间关系的哲学范畴，正确认识二者之间的辩证关系对于解决人类实践遇到的矛盾和问题、从哲学角度深层次理解人类社会具有重要的理论和实践意义。所谓"自由"是对必然的认识和对客观世界的改造，它实际上是人类支配和驾驭客观世界的一种能力，这种能力是建立在对客观事物和人自身正确认识的基础之上的，对客观规律的正确认识和利用，是人类发挥自己的主观能动性改造客观世界的一种能力。说到必然，多数人往往认为所谓"必然"是外部力量对人起决定作用的结果，是外在的强制力和约束力支配世界的表现方式，但实际上，"这只是一种外在的必然性，而非真正内在的必然性，因为内在的必然性就是自由"①。人类在行使自由权的时候必然受到一定条件的约束，这些条件既包含客观世界的发展阶段对人的思维和行为方式的限制，又包含人自身基于实现更多自由的目的而对自己的实践活动提出的必然性要求，自由和必然由此就具有了辩证统一性，具体表现为：自由中包含着必然，自由以必然为前提，必然能够向自由转化；反过来必然中也包含着自由，必然以自由为前提，自由能够向必然转化，二者之间存在着相互包含、相互转化的内在统一性。"自由就像一双'红舞鞋'，一旦穿在脚上，便使人类永不停顿地奔波在一次次地化必然为自由、再化由自由转化而来的必然为自由的命运之路上"②。促使这种相互转化不间断进行的载体就是社会实践，这一转化发生的场域也是社会实践，转化的范围是社会历史中一切实践活动，二者的转化是在社会实践的基础上进行的，这就意味着，一旦离开了社会实践，自由和必然的统一也就不复存在了。总结起来，实践在自由与必然的统一中的"中介作用"主要表现在三个方面：第一，实践使人认识世界及其运行的客观规律，为自由的实现提供了精神性前提，没有上述认识，就不可能促使必然变为自由；第二，实践又为自由准备了物质条件和活动场所，从而使自由脱离主观或空谈层面，进入到自由变为现实的层面；第三，实践作为改变人自身的活动，通过反复锻炼，增强人的智力和品质，从而为争取新的自由做了准备，使人类的自由程度不断提高，自由范围不断扩大。以劳动为基础的实践活动是现实的"人"和现实的"人类"的生存方式，因此只有人类社会存在，自由与必然的统一才能得以无限发展。正是以劳动为基础的实践活动，成

---

① 黑格尔. 小逻辑 [M]. 贺麟，译. 北京：商务印书馆，1980：105.
② 赵甲明. 全面把握必然与自由的统一性及其意义 [J]. 清华大学学报（哲学社会科学版），2003（06）：33.

为人获得自由的源泉,因为在劳动中,人克服一定的障碍,向自我提出要求,在不断地自我实现中,在创造社会历史的进程中,获取着实在的自由,因此自由的主体是现实的人,获取自由的途径是人的社会实践。

但是,决定人的意志的条件不仅不依赖于个人的意志,反而强烈制约着人的意志,也就是说,人的意志活动不是无拘无束不受控制的,它总是受到必然性的支配,在必然性的约束下得以发展。而事实也从未间断地印证着这个道理,即人们对历史必然性的认识越深刻,实践当中就越能够按照它的要求进行行动,行动的自由程度也就越高,从而在社会中就能获得更多的自由。这正如恩格斯所言,人离狭义的动物越远,人就越自由,因为动物是无法认识历史必然性的。只有人类最终脱离动物界,从动物的生存条件进入到真正的人的生存条件时,"人们才完全自觉地自己创造自己的历史,只有从这时起,由人们使之起作用的社会原因才是主要的方面和日益增长的程度上达到他们所预期的结果。这是人类从必然王国进入自由王国的飞跃"①,在自由王国中,人类得以自由和解放,人的自由和全面发展成为可能。而从前面的分析可知,由必然王国向自由王国的飞跃只有在人的实践中才能得以完成,只要人类社会存在,人类改造世界的活动不停止,自由和必然的矛盾就始终存在,必然王国向自由王国转化的过程就永远不可能终结,二者间辩证统一的关系也将贯穿于整个人类历史的始终。

二、"学术自由"与"自由"的内在相关性

学术自由指的是学术活动主体在个人治学过程中,免于外部干涉从

---

① 中央编译局. 马克思恩格斯选集(第3卷)[M],北京:人民出版社,1973:323.

事学术研究、致力追求真理的自由，它作为学术发展的前提和基础，一直以来都被认为是"大学最核心的使命之一"，也被视为现代大学制度必不可少的基本原则。学术自由的概念中包含着三层意义：第一层是学术自由的主体是谁，这里界定为高等教育机构及这些机构中从事学术工作的组织及个人；第二层是为何需要自由，这里从免于外部干涉的消极自由的意义上解释为不受妨碍、免于强制，因为"不受任何组织或个人的影响自由地追求真理是学者活动的前提条件"①；第三层为自由的范围是什么，这里界定为进行学术活动过程中，在合理限制的范围内追求真理，总结起来就是上述所言"学术活动主体免于某些强制从事学术活动的自由"。马克思曾指出："人是自由的存在物""自由自觉的活动恰恰就是人类的特性""自由确实是人所固有的东西"②，可见人的本质是追求和向往自由的。但是，现实社会中自由并不是无限的、绝对的，"不受他人的强制"也并非"不受任何限制"，自由"以自然为原则，以公正为准则，以法律为保障。其道德上的限制表现为下列格言：己所不欲，勿施于人"③，这就意味着任何自由都是具有法律和道德的双重边界的，正如学者范伯格所言，"毫无约束的自由，如同没有交通信号灯维持秩序的十字路口，各种欲望相互冲突和碰撞，自由无法实现"④。学术自由本质上是自由的一种，既然是自由，就有被滥用的危险，就存在一定的边界，因为真正的自由是在规定性内获得的，是规范的自由，这种规范的自由是有条件的。因此学术自由也应是有条件的，它的条件在其内部表现为自由的内在规定性，即主体为自身设置合理限

---

① 谢俊. 大学的学术规范与学术自由［J］. 教育评论, 2011（02）：3.
② 马克思, 恩格斯. 马克思恩格斯全集［M］. 北京：人民出版社, 1956：63.
③ 冒荣, 赵群. 学术自由的内涵与边界［J］. 高等教育研究, 2007（07）：14.
④ 谢俊. 大学的学术规范与学术自由［J］. 教育评论, 2011（02）：3.

制和规范，具体而言，就是学者在合理的限度内进行学术研究、发表见解、探求真理，这是一种权利，也是一种义务，正如爱因斯坦所言"我所理解的学术自由是，一个人有探求真理以及发表和讲授他们认为正确的东西的权利"①，学术活动主体对思想和表达自由的追求是其对自身基本权利的必然诉求，其遵循自由的基本限度，在一定规则范围内开展学术活动是其对自身基本义务的主动承担。

当下，社会对于大学的信任很大程度上取决于社会对学者健全人格和对大学基本良知的自信，一旦学者无视学术规范，模糊学术自由的边界，背离学术道德、恣意妄为，就会破坏这种信任，而且这种破坏往往是毁灭性的，难以重建的，这样一来，大学这一神圣的象牙塔就会失去公众的认可，最终玷污学术自由的深层价值，侵蚀高等教育的意义世界。学术活动的正常开展必然需要给予高等教育的教师群体学术研究的自由，因为真理的获得是以自由为前提的，正如雅斯贝尔斯曾总结道，"学术自由是学术工作的中心的、普遍性的指导原则"②，只有具备这种自由，才能够开展学术研究，在学术的世界里尽情驰骋，掌握更多真理性认识，在学术争论和"百家争鸣"中各抒己见，使真理越辩越明。对于高校思想政治理论课教师的学术研究来说，学术自由对他们提出的要求更加严苛，这是由于作为高等教育教师队伍中的重要力量，思想政治理论课教师不仅肩负着发展理论、指导实践的历史使命，还承担着立德树人、铸魂育人的关键任务，尤其是在新的时代条件下，在"形势逼人、挑战逼人、使命逼人"的多重责任下，把握好意识形态的正确方向，帮助大学生扣好人生的第一粒扣子，做好先进思想文化的传播

---

① 爱因斯坦. 为保卫学术自由和公民权利而斗争 [C]. 北京：商务印书馆，1979：323.
② 雅斯贝尔斯. 什么是教育 [M]. 邹进，译. 上海：三联书店，1991：27.

者、党执政的坚定支持者等现实的角色责任更是对思想政治理论课教师的学术研究提出了深刻的要求，只有在全面深刻地掌握马克思主义的基础之上开展的学术活动，只有在价值目标指引之下进行的学术探索，只有在自由原理约束下进行的学术创新才是思想政治理论课教师作为知识分子践行使命的正确写照，是他们发挥"自由的理性"塑造灵魂、立德树人的时代责任。因此，坚持学术自由，在合理的限度内行使自由，才是学者从学术的"必然王国"迈向"自由王国"的根本保障，学术自由和自由的内在相关性也就不言自明。

三、"学术规范"与"必然"的内在相关性

学术的发展离不开学术自由，只有自由的学术主体才能不受限制地思考和表达自己在专业领域获得的真理性认识，学术活动才能正常有序地开展；但学术自由的"自由"本质决定了学术自由是相对的、有条件的，是受到一定规范制约的，学术自由的同时必然要有一些规范性的东西来约束和规制，否则自由就会被滥用，学术研究就会走向它的对立面。这就引出了以"必然"的形式存在的学术规范。规范即"明文规定或约定俗成的标准"，所谓学术规范是指"由学术活动的特点所决定的，使学术活动的进行更加有效和有益的一系列规则、制度和行为准则"[①]，"学术规范是保障人人享有正当学术自由的准则"[②]，它作为一种约束机制，包含三个层面的内涵：第一层是内容层面的规范，它包括

---

① 高晓清，顾明远. 学术自由与学术规范对我国切实性问题的思考 [J]. 高等教育研究，2004（03）：6.
② 李晓燕. 学术自由、学术规范与学术秩序治理 [J]. 陕西师范大学学报（哲学社会科学版），2010（06）：17.

概念范畴体系、学科研究方法、自身的理论框架及学术内容的道德与诚信;第二层是价值层面的规范,它是约定俗成的且已得到学术界认同和共同遵守的价值取向,意识形态和学术伦理是其核心内容,它是从事学术研究的主体应当遵守的行为规范和职业道德,学者应当充当起"伦理道德的辩护人"的角色;第三层是技术操作层面的规范,包括行文规范、署名规范、引用规范等,是学术发展的制度性规定。按照形式来源分类,上述三个层面分别对应学术道德规范、学术政治规范和学术技术规范,即内容选择上遵守学术道德与学术诚信,建立自我约束机制,养成高度自律的学术作风;价值取向上坚持正确的政治方向,把握主流价值共识,尤其是在国外敌对势力对高校进行价值观渗透的背景下,更应保持警惕,坚守底线;技术操作上,符合相应的制度规定,在规范的技术空间内发挥学术成果的最大价值。

沈壮海教授将学术规范概括为"学术规范是学术活动的要件、研究过程的规则、学术交流的基础、学术道德的底线、学术自由的疆界、学术创新的前提、学术训练的要务"①,认为"凡从事学术之业、身为学者之人,均应当严格持守"②。只有遵守学术规范的学术活动,才能称得上真正意义上的学术活动。在指向真理的复杂进程当中,怎样才能够以最直接的方式接近真理,怎样才能够有效率地开展工作、少走弯路,怎样才能将自己的研究成果最大限度地为社会所分享、认可,对这些问题的回答,无一不需要学术规范作为基础的保障,它既作为一种必然性而存在,用以牵制学术主体的不当行为,又作为一种直接的保障形式而存在,为学术主体提供通往真理的最短路径,因为任何自由都和制约、规则相伴而生,没有制约和规则也就没有自由,"学术规范揭示的

---

① 沈壮海.思想政治教育研究的学术规范[J].思想理论教育导刊,2010(10):72.
② 沈壮海.思想政治教育研究的学术规范[J].思想理论教育导刊,2010(10):72.

是学术活动中的必然之理，只有依循这些必然之理我们的学术研究才可能真正意义上进入自由之境"①。此外，以"必然"的形式存在的学术规范还是维护学术秩序的根本保证，倘若没有学术规范对学术主体的制约，一味地强调学术自由，就会迎合某些高校教师粗制滥造，东拼西凑、抄袭剽窃，只求著作等"身"，不求著作等"心"，甚至出现为国外势力所买通为其服务的败坏行为，学术秩序就面临着被破坏的危险。实际上，不论是学术自由还是学术规范，最终都是为了一个目的，就是通过维护一定的学术秩序，达到保护和促进学术创新，从而促进社会发展，使知识成果成为服务于人类进步的福祉。学术规范与必然的内在相关性既表现在学术规范的外在约束力上，还体现于学者内在的自律意识，只有这两项机制同向发挥作用，才能保证学术发展朝着健康有序的方向进行，维护学术研究的真理性、科学性。

四、学术自由和学术规范中的"自由与必然相统一"

学术自由和学术规范的统一本质上是自由与必然的统一，二者之间是实践基础之上的相互约束、相互促进、相互转化的辩证统一关系。学术自由意味着松散的结构和最低限度的干涉，但自由的发展不是无限的，需要设置一定的条件和限度来防止自由被滥用。但是，这种限度的设立是建立在保障知识自由探究的基础之上的，它以意识形态为底线，"科学无国界，但科学家有祖国"说的就是这个道理。任何科学研究的开展和学术成果的应用都应当有一定的价值取向，学术探索应致力于追求真理，始终坚持服务社会的使命。有学者指出，探究高深知识的学者

---

① 沈壮海. 思想政治教育研究的学术规范［J］. 思想理论教育导刊，2012（10）：73.

相互之间组成"科学共同体",而共同体的特征是:因社会盟约而缔结、有共同的价值观念、遵守组织规范、在角色责任和义务上坚守同一价值取向,这种科学共同体对学术活动起着良好的约束和引导作用,它不一定以有形的方式存在,却以一种无形的力量对内部成员起到一种督促、规约和激励的效果。学术规范是学术自由的内在规定性,它保障学术自由的实现,为自由设置合理的限度。大学是研究高深学问的学术组织,固然学术自由是大学拥有的学术权利,但如果想要确保这种自由不受侵犯,必然要牢记学者的责任与使命,正确、合理、有限地行使学术研究的权利。激励、预警和引导是学术规范作用的三个方面,三者共同发挥作用,为学术自由创造条件的同时,保证良好的学术秩序。"学术规范要求研究者防止社会功利的过分追求对自由精神的侵蚀,为避免丧失学术的尊严,必须遵守学术研究的技术操作要求"①。尽管我们如此地强调学术规范,但不能因此而束缚了学者的学术活动,在强调一些细枝末节等非原则性事务中抹杀了学者的积极性,学术规范是为了保障学术自由而设,它的存在不能成为限制学术发展的桎梏,也不能成为妨碍学术发展的禁忌,它的作用的发挥不能走向极端,因为极端过后必然是规范的对立面。

在学术活动中,自由探索和遵守规范之间是辩证统一的关系,二者处于一种动态的平衡之中。首先,遵循学术规范是学术自由的前提条件,这是因为规范的本质是一种必然,任何一种活动如果没有必然性对其进行约束的话都将是盲目的、缺乏方向的。前面已经提到,学术的自由不是绝对的自由,而是在尊重客观规律基础之上的自由,学术自由的实现最终都是以对学术的行为规范的遵守为前提的,只有符合道德、对

---

① 谢俊. 大学的学术规范与学术自由[J]. 教育评论, 2011 (02): 4.

社会负责、对人类的进步有帮助的学术，才会得到社会的支持。不道德的、不负责任的学术成果，即便暂时获得了有限的发展，最终也必然被社会的政治、经济、文化以及人民的力量所消除，湮灭在历史的长河中。这种不求后果、如履薄冰、危机四伏的学术成果，根本谈不上自由。其次，学术自由是学术规范形成发展的基础，如果没有自由探索的精神，没有学术成果的创造，学术规范是没有生长点的，更不用说发展和成熟。"事实上，科学规范或社会规制只有留有一定相对自由的游离空间，才能为科学发展和社会进步留有余地"①。固然，学术活动应遵循科学的和社会的规范，但是，倘若学者的学术不保持一种怀疑和反思的态度，就会被现有的观点所束缚，学术创造力也将消失不见。因为学术的任务是对于真理的近似性认识和临时性陈述，而不是给出绝对的结论，况且任何结论都是社会历史的产物，必然随着历史条件的变化不断地变化，更新出新的更适应社会发展的理论，这一事实再次印证着马克思的运动与发展理论：事物总是运动、变化和发展的，要用发展的眼光看世界。综上所述，学术自由和学术规范是自由和必然在学术领域的现实性转化，是任何学术活动都不可缺少的两个方面，只有基于自由和必然的辩证关系原理，始终保持二者既对立又统一、相互制约、相互促进的关系，才是"理性学术"的应然状态。

---

① 高晓清. 学术自由与学术规范 [J]. 现代大学教育，2003（02）：16.

第四章

思想政治理论课教师坚持"四个统一"师德观的思想政治教育价值

坚持"四个统一"师德观的主体是高校思想政治理论课教师,这一群体是学生健康成长的指导者和引路人,其身份的特殊性决定了他们以身示范、坚定不移地履行好"四个统一"对思想政治教育具有重大的价值。一个时代的理论服务于这个时代的发展,因此完成新时代思想政治教育的新使命是"四个统一"师德观的首要价值,新使命包括传播习近平新时代中国特色社会主义思想、培育新时代社会主义核心价值观、提供通往"新征程"的精神动力。此外,"四个统一"师德观的实现对拓展新时代思想政治教育的新功能、开创新时代思想政治教育的新方法以及提高新时代思想政治教育的新实效等环节均具有积极的促进意义。

第一节 完成新时代思想政治教育的新使命

一、传播习近平新时代中国特色社会主义思想

党的十九大首次提出"习近平新时代中国特色社会主义思想"的

科学概念，系统地阐述了习近平新时代中国特色社会主义思想的基本内涵，确立了习近平新时代中国特色社会主义思想的指导地位。习近平新时代中国特色社会主义思想是马克思主义中国化的最新理论成果，是对马克思主义的"创造性转化""创造性运用""创新性发展"，在马克思主义发展史上具有重大的地位和重要的意义，在马克思主义中国化的进程中具有重大的价值，是新时代坚持和发展中国特色社会主义的行动指南。思想政治理论课教师是大学生思想政治教育活动的主要发动者、组织者和实施者，作为先进思想文化的传播者，坚持"四个统一"，才能更好地学习、研究、传播、贯彻习近平新时代中国特色社会主义思想，用科学的思想武装头脑、统一思想、指导实践，引领学生的思想行为和社会发展的方向；坚持"四个统一"，才能够用专业知识和职业素养引导学生把握新时代我国社会主要矛盾的变化，将正确认识和解决这一矛盾作为学术和实践研究的重要课题；坚持"四个统一"，才有能力担当起为社会主义现代化建设培育德智体美全面发展的建设者和接班人的任务，更好地完成新时代思想政治教育的新使命，即努力为新时代建设社会主义现代化强国，实现中华民族伟大复兴，强化认同、增强自信、汇聚力量[①]。

　　思想政治理论课教师是党执政的坚定支持者，是先进思想文化的传播者，必须以马克思主义为指导，全面贯彻党的教育方针，坚持不懈地传播马克思主义科学理论，抓好马克思主义理论教育，为学生一生成长奠定科学的思想基础。在教学过程中，思想政治理论课教师明确要起主导先锋作用，把理论和实践通过教学结合起来，切实做好表率作用。在思政课教学过程中也要尊重学生的主体地位，利用好各种新颖教学模

---

① 史姗姗. 开启新时代思想政治教育新征程——新时代中国特色社会主义与思想政治教育高峰论坛综述[J]. 思想教育研究, 2018 (03): 141.

式，调动学生思政课学习的积极性，促进思政课的教学效果不断提升。对思想政治理论课教师来说，坚持"四个统一"师德观，才能使思想政治理论课在改进中加强，提升思想政治教育的亲和力和针对性，守好一段渠，种好"责任田"，更好地担起学生健康成长的指导者和引路人的责任；坚持"四个统一"师德观，才能做到围绕学生、关照学生、服务学生，才能用专业知识和职业修养不断提高学生的思想水平、政治觉悟、道德品质、文化素养，才能用人格魅力感化学生，使培育的大学生成为德才兼备、全面发展的人才，成为能够为社会主义现代化建设服务的人才；坚持"四个统一"师德观，才能引导学生正确认识世界和中国发展大势，认识和把握人类社会发展的历史必然性，认识和把握中国特色社会主义的历史必然性，不断树立为共产主义远大理想和中国特色社会主义共同理想而奋斗的信念和信心，全面而客观地认识当代中国、看待外部世界；坚持"四个统一"师德观，以马克思主义的理论成果为指导，才能够完善自身的职业道德、提升自己的理论水平和学术水平、在教书育人的实践中锻炼自己、发展自己，担当起时代赋予自身的责任与使命，做好"传道者"的角色；思想政治理论课教师在教学过程中要善于用马克思主义理论来武装学生头脑，在教学过程中不断灌输党的理论方针和政策，同时也要不断启发学生的辩证思维，按照大学生的认知规律来进行思政课教学工作。教学过程中一方面坚持通过常用的教学设计来提升课堂效率，完成教学目的；另一方面也要通过人格魅力、活动影响、互动交流等进行隐性的思想政治教育工作。坚持"四个统一"师德观，才能正确认识自己的时代责任和历史使命，用马克思最新的理论成果武装学生思想，为学生点亮理想的灯、照亮前行的路，激励他们自觉把个人的理想融入国家和民族的事业中，做走在时代前列的奋进者和开拓者，成为中华民族伟大复兴的生力军。

习近平在北京大学师生座谈会上的讲话中提到,"教育必须培养社会发展所需要的人,说具体了,就是培养社会发展、知识积累、文化传承、国家存续、制度运行所要求的人"①,只有培育这样的人,才能跟上时代运行的步伐,完成新时代社会主义现代化建设的新任务。而人才培养,关键在教师,只有建设高素质的教师队伍,只有培育有理想信念、有道德情操、有扎实学识、有仁爱之心的"四有"好教师,才能担当起党和国家交付的重任。党的十九大把习近平新时代中国特色社会主义思想写入党章,是党的指导思想的又一次与时俱进,是"巩固全党团结奋斗的共同思想基础、增强全党理论自信和战略定力的内在要求,是用发展着的马克思主义指导新的实践、坚持发展新时代中国特色社会主义的必然选择"②,思想政治理论课教师坚持"四个统一",才能更好地传播习近平新时代中国特色社会主义思想,完成新时代思想政治教育的新使命。

二、培育新时代社会主义核心价值观

任何一个社会都有支持其存在和发展的核心价值观,社会主义表征着一种与无产阶级和广大劳动人民的自由解放息息相关的价值诉求,有着自己独特的核心价值观。社会主义核心价值观是社会主义意识形态的本质体现,它决定着社会意识的性质和方向,是我们走中国道路必须要坚持的一种价值观念。价值观反映了一个时代的时代特征,不同的年代其核心价值观是不同的,社会主义核心价值观的历史演进经历了一个逐

---

① 习近平. 在北京大学师生座谈会上的讲话[N]. 人民日报, 2018-05-03.
② 邸乘光. 论习近平新时代中国特色社会主义思想[J]. 新疆师范大学学报(哲学社会科学版), 2018 (02): 21.

步深化、日益成熟的过程，但是却始终与国家的前途、命运联系在一起，体现着社会主义的本质、社会主义的价值判断和价值选择。

党的十八大报告指出："倡导富强、民主、文明、和谐，倡导自由、平等、公正、法治，倡导爱国、敬业、诚信、友善，积极培育和践行社会主义核心价值观。"① 明确地指出了新时期社会主义核心价值观的内涵和基本范畴。在中国共产党第十九次代表大会上，习近平宣布我国已经步入了实现社会主义现代化、实现中华民族伟大复兴、全面建成小康社会的崭新时代。中国的发展登上了一个新的台阶，进入新时代。之后十九大报告又指出，"社会主义核心价值观是当代中国精神的集中体现，凝结着全体人民共同的价值追求。要以培养担当民族复兴大任的时代新人为着眼点，强化教育引导、实践养成、制度保障，发挥社会主义核心价值观对国民教育、精神文明创建、精神文化产品创作生产传播的引领作用，把社会主义核心价值观融入社会发展各方面，转化为人们的情感认同和行为习惯"②。在我国进入新时代的背景下，需要不断地丰富和发展社会主义核心价值观的理论内涵，使之与时代的发展相匹配，符合时代发展对社会提出的新要求。在新的历史时期，培育与时代发展步伐相协调的社会主义核心价值观具有十分重大的现实意义。当今高校大学生所面临的多种价值冲突比以前任何时期都来得猛烈，再加上自身的心理发展矛盾性等特点，导致年轻高校学生在原有价值体系中无法整合来自政治、经济、文化及生活等方面的变化带来的影响，因而引发非常复杂的内心冲突。不仅包括真和假、善和恶、美和丑的对立和斗

---

① 习近平. 坚定不移沿着中国特色社会主义道路前进 为全面建成小康社会而奋斗——在中国共产党第十八次全国代表大会上的报告［N］. 人民日报，2012-11-08.

② 习近平. 决胜全面建成小康社会 夺取新时代中国特色社会主义伟大胜利——在中国共产党第十九次全国代表大会上的报告［N］. 人民日报，2017-10-27.

争,而且有传统价值思想与现代价值思想,本土价值思想与外来价值思想的对立。一些大学生认为马克思主义已经过时,难以指导今天的现实;而有的大学生信仰西方的宗教或信仰中国的传统封建迷信,对马克思主义产生质疑;有的大学生对中国特色社会主义共同理想持否定态度;有的大学生不顾现实,妄自菲薄,否定我们的民族精神和时代精神;有的大学生荣辱观淡化,道德缺失,重个人利益而轻集体利益,从而在行为上有损大学生形象。① 当代大学生在现实社会中这种价值倒错与社会主义核心价值体系的价值理性要求是相悖的,既不利于大学生形成正确的核心价值观,也不利于社会主义核心价值体系在学生群体中的广泛传播,从而在根本上影响我国向着和谐的社会主义社会发展。面对各种价值观念的冲突,高校学生原有本身存在价值体系的稳定性与整合机制经常被打破,内心也充满着矛盾和焦虑。特别是主体的原有价值体系被改组,但是高一级价值体系还没有构建时,高校大学生人格发展非常容易出现偏差,产生一定的心理障碍。尤其是高校学生正处于人生观、价值观开始形成的关键时期,他们的思想观念慢慢开始成型,然而依然具有较大的可塑性;他们接受新鲜事物的能力比较强,然而鉴别力明显欠缺。任何社会制度或者同一社会制度下的不同发展时期,都是有相应的核心价值观的。一个国家或者一个社会,假如没有一种为绝大多数人所认同的核心价值观,那这个国家或者这个社会就很难形成一种统一的精神力量,当然就会失去凝聚力与战斗力,想持续、健康、快速发展也是没有办法实现的。

高校思想政治理论课是对大学生进行社会主义核心价值观教育的主渠道,这一课程不仅在性质上反映了社会主义核心价值观教育的内容,

---

① 桑业明. 论构建大学生核心价值观面临的矛盾及解决 [J]. 思想教育研究,2010 (12):12-14.

而且从功能作用上也有助于完善大学生核心价值观的践行。因此,上好思想政治理论课,用好课堂教学这个主渠道,满足学生成长发展的需求和期待,用核心价值观引领社会思潮、凝聚大学生群体力量,为社会创造更大的共识。而思想政治工作从根本上说是做人的工作,思想政治理论课教师是对大学生进行社会主义核心价值观教育的关键主体,这一群体的思想道德状况如何,他们能否在教书育人的实践中遵循思想政治工作规律、遵循学生成长规律,因事而化、因时而进、因势而新,不断提高工作能力和水平是保证社会主义核心价值观教育效果的基本要求。"四个统一"师德观为当前我国思想政治教育课改革创新提供了理论依据,也是高校教师用习近平新时代中国特色社会主义思想武装头脑的具体要求。"四个统一"师德观的提出,总结了思政课长期以来的理论发展,丰富了我国思政课的改革和创新理论体系。因此高校思想政治理论课教师必须认真学习贯彻"四个统一"师德观,准确领会其精神实质和深刻内涵,把习近平新时代中国特色社会主义思想作为思政课的基本遵循,学为人师,行为世范,以立德树人为出发点和立足点,努力践行教书育人行为准则。

只有坚持"四个统一"师德观,思想政治理论课教师才能提高自己的专业性、政治性、思想性和品德性,提升自身对于人的全面发展的认识,不断地完善自身的职业道德和职业修养,"坚持不懈地培育和弘扬社会主义核心价值观,做社会主义核心价值观的坚定信仰者、积极传播者、模范践行者"①。在为社会营造一种积极向上的良好氛围,引领高校教师乃至知识分子的思想潮流的同时,努力做好本职工作,围绕学生、关照学生、服务学生,不断提高学生的思想水平、政治觉悟、道德

---

① 习近平. 在全国高校思想政治工作会议上的讲话[N]. 人民日报,2016-12-09.

品质、文化素养,让学生成为德才兼备、全面发展的人才,在学生健康成长指导者和引路人这一角色岗位上,因时而进地为社会的发展和进步培育符合时代要求的核心价值观。

三、提供通往"新征程"的精神动力

十九大报告中,习近平基于十八大以来中国在全面深化改革、全面从严治党等方面所取得的开创性成就以及由此引发的中国社会的根本性变革,做出"中国特色社会主义进入新时代"的重要判断,这就意味着中国将在新的历史起点上开启新的征程。十九大报告的核心概念就是新时代、新思想、新征程,三者之间的关系是:新时代孕育新思想,新思想指导新征程。而通往新征程不仅需要充分的物质保障,更需要强大的精神力量,需要先进的、科学的思想作为指导,为新征程的尽快实现提供精神动力。所谓精神动力是"思想、理论、理想、信念、道德、情感、意志等精神因素对人从事的一切活动及社会发展产生的精神推动力量"①,它的实质是一种精神力量,是思想、理论、道德、情感、意志经过人的内化即主体化之后,在人的头脑中转化为推动主体活动的重要动力。恩格斯强调,"推动人类从事活动的一切,都要通过人的头脑才能使人行动起来"②,而精神动力的这种推动,不仅包括对个体活动的推动,还包括对群体活动、对社会活动以及对国家和民族事业的推动,而且只有后一种类型的推动,才能对社会实践活动和国家核心竞争

---

① 骆郁廷."精神动力"范畴分析[J].武汉大学学报(社会科学版),2003(04):501.
② 骆郁廷."精神动力"范畴分析[J].武汉大学学报(社会科学版),2003(04):501.

力产生广泛而深远的影响。"四个统一"师德观作为符合新的时代背景条件的、在师风师德领域和意识形态领域下基于现实实践和理想状况提出的具有指导意义的新思想，能够对思想政治理论课教师的行为起到规范、约束的作用，它作为一种思想体系，是激发思想政治理论课教师自身良好的道德品行、促使他们对学生完成教育使命的精神力量，也是激励他们完成新时代思想政治教育新使命、为社会提供通往"新征程"的精神动力。这一群体坚持"四个统一"，对高校完成立德树人的任务、对传播习近平新时代中国特色社会主义思想、对培育新时代社会主义核心价值观都具有巨大的推动作用。马克思曾在《〈黑格尔法哲学批判〉导言》中说道，"理论一经掌握群众，就会变成改造社会的巨大物质力量"，明确肯定了作为思想和理论的精神可以变为推动群众实践活动的物质力量。"四个统一"师德观就是这样一种精神，作为推动思想政治理论课教师活动的重要精神动力，能够变成改造社会的物质力量，它具有不同于物质动力的显著特点：首先是内在性，即思想政治理论课教师所坚持和形成的"四个统一"师德观难以从表面直观地进行观察，但思想一经形成又确实存在，变成对他们的行动产生重要推动力的精神力量；其次是目的性，即精神动力是在一定目的指导下形成的，它不是盲目的，而是自觉地推动思想政治理论课教师的实践活动和认识活动朝着一定的目标和方向前进的，是人的精神的能动作用的体现；再次是持久性，即"四个统一"作为精神动力能够对思想政治理论课教师的行为持久地发挥作用，并随着他们思想的发展和实践的深化不断增强，甚至产生终身的推动作用；最后是集合性，即精神动力可以变成精神合力，由单个思想政治理论课教师上升至思想政治理论课教师群体、再由群体上升至对整个社会和国家的影响，个体间的精神动力相互作用、相互渗透、相互融合，在整体内部加以充分的整合与协调，形成一种大于个体精神动力之和的新的精神力量，对丰富教师的角色实践、促成他们把握好神圣使命、传播先进思想、培育符合时代发展要求的价值观念具有引领和推动作用。"四个统一"是思政课建设的时代要求，只有坚持好"四个统一"，才能利用思政课不断引导学生掌握马克思主义理论和习近平新时代中国特色社会主义思想的深刻内涵和思想本质，才能让学生扣好人生的第一粒扣子。通过加强思政课改革创新，强化价值引领、实践养成，帮助学生"扣好人生第一粒扣子"；通过加强革命文化教育，培养学生对革命历史传统和革命先烈精神的领悟，因此，广大思想政治理论课教师务必要领会"四个统一"师德观，用扎实的理论指引学生探寻真理，推动思政课探索多样化的教学模式，构建"大思政"教育体系，把社会实践和课堂教育相结合，不断推送思政课改革创新进入新的阶段。

第二节 拓展新时代思想政治教育的新功能

一、拓展思想政治教育的"全程育人"功能

习近平在全国高校思想政治工作会议上强调，"要坚持把立德树人作为中心环节，把思想政治工作贯穿教育教学全过程，实现全程育人、全方位育人，努力开创我国高等教育事业发展的新局面"①，首次提出高校思想政治教育全程全方位育人模式，这一重要论断的提出对于拓展

---

① 习近平. 在全国高校思想政治工作会议上的讲话 [N]. 人民日报，2016-12-09.

思想政治教育的新功能、提升思想政治教育的新实效、破解当前思想政治工作中的难题、改进和加强高校思想政治工作具有重要的理论和实践意义，是新时期新形势下思想政治工作的行动指南。

"全程育人，是指思想政治教育要贯穿到立德树人的全过程"①，这里的全过程，一方面指高校大学生从入学到离校的四年八学期这一过程，另一方面又指大学生整个人生阶段的全过程，是时间维度和空间维度的统一。思想政治教育全程育人也就是说将思想政治教育贯穿育人环节的始终，使之不间断地发挥作用。在大学生在校阶段，思想政治教育工作坚持"育人为本"的教育理念，遵循思想政治工作规律、遵循教书育人规律、遵循学生成长规律，按照循序渐进的原则合理地安排相关课程，高校配置学校资源，使育人的资源排列组合地适应学生各个成长阶段的需要，增强思想政治工作的延伸性，避免出现某一时段断层、缺位等情况，形成全学段的传递循环的模式；在大学生整个人生阶段，高校思想政治教育工作具有为学生踏入社会奠定基础的目的价值，"全程育人模式强调把思想政治工作置于学生知、情、意、行形成的全程时间序列之中，建构链接学生在校现实生活与离校未来生活的育人模式，推动高校思想政治育人工作从短期教育向长期育人转变，促进学生可持续发展"②。思想政治教育全程育人功能是思想政治教育个体生存功能、个体发展功能在新时代的新拓展，它具有一种全面性和延展性，不仅在时间和空间上拓宽了思想政治教育对人的影响，还丰富了思想政治教育的新内涵，促进了思想政治教育在新时代发挥新价值。

---

① 王占仁. 高校思想政治教育如何实现全程、全方位育人 [J]. 教育研究，2017（08）：25.
② 连洁. 建构高校思想政治工作全程全方位育人模式 [J]. 中国高等教育，2017（08）：19.

对高校思想政治理论课教师来说，坚持"四个统一"师德观有助于帮助他们形成良好的师德师风，在师德师风的引领下，才能够以德立身、以德立学、以德施教。高校思想政治教育的本质是教育，思想政治教育是教育的内在组成部分，离开思想政治教育单纯地谈论教育是不完整的，离开思想政治素质单纯地谈论人的本质是不全面的。"四个统一"师德观中教书和育人相统一就提出了育人的基本要求，这也是思想政治理论课教师开展思想政治教育活动的必然要求，"育人"是高校思想政治教育的内在属性，它不是约束人、限制人，不是人发展的异己的力量，而是将人的本质挖掘出来，激发出人的本质中美好的东西并将其还给人。而"全程育人"则是促进人的全面发展的必然要求，是为社会培养建设者和接班人的重要途径。但是，需要强调的是，全程育人不只是思想政治理论课教师的独场活动，大学所有课堂都具有育人的功能，不能把思想政治工作只当作思想政治理论课教师的事情，而是要通过思想政治理论课教师坚持"四个统一"的行为催生和激发其他课程教师加入进来，保持步调一致，使各类课程与思想政治理论课同向同行，同频共振，形成协同效应，这也就是当下有关学者提出的所谓"大思政"格局。"将思想政治教育等同于思想政治理论课的'学科本位'意识是狭隘的，要实现育人的全程、全方位，就要在观念上实现由'学科本位'向'教育本位'的转换"①，营造"耦合型"的育人氛围。少年强则中国强。是否可以不断引导青少年树立正确的世界观、人生观和价值观，坚定马克思主义信仰，学会正确的思维方法，关系着中华民族的伟大复兴和中国特色社会主义事业建设的一帆风顺。因此，高校思想政治理论课教师坚持"四个统一"师德观，坚守高校育人工作

---

① 王占仁. 高校思想政治教育如何实现全程、全方位育人[J]. 教育研究，2017（08）：29.

的主阵地，不断提升思政课的育人效果，用高尚的品德感染学生，用真理的力量影响学生，用理论的自信去指引学生，培养好我国社会主义事业建设需要的建设者和接班人。坚持"四个统一"，做到全程、全方位育人，高校教师在做好学生大学阶段健康成长的导师同时，做好学生人生的导师，这样才能实现思想政治教育全程育人的要求，拓展思想政治教育"全程育人"的新功能。

二、拓展思想政治教育的"实践育人"功能

《中共中央国务院关于进一步加强和改进大学生思想政治教育的意见》中，强调把实践育人作为新形势下加强大学生思想政治教育的有效途径。教育部等七部委联合下发的《关于进一步加强高校实践育人工作的若干意见》中也明确提出"进一步加强高校实践育人工作，是全面落实党的教育方针，把社会主义核心价值体系贯穿于国民教育全过程，深入实施素质教育，大力提高高等教育质量的必然要求"[1]，对加强高校实践育人工作提出了具体的要求。加强思想政治理论课实践育人工作，对提升高等教育的质量、增强国家核心竞争力意义重大。

所谓实践育人是指"建立在实践概念的基础上，以学生在课堂上获得的理论知识为基石，通过对提高学生课外实践和自我教育激情的开发，形成基于实践并向实践开放的新型育人方式"[2]。具体来说，实践育人的概念分为以下三个层次：首先，实践育人是以学生在课堂上获得的理论知识为基础，没有理论作为基础，实践就是盲目的、没有方向和

---

[1] 教育部. 关于进一步加强高校实践育人工作的若干意见 [EB/OL]. 教育部网络，2012-01-10.
[2] 徐晓曼，张猛等. 当代大学生实践育人模式研究 [J]. 教育研究，2012（06）：45.

目的的；其次，教师需要通过增加学生课外实践活动并以此开发他们自我教育的激情，实践活动是实践育人的形式；最后，实践育人不但要求基于实践，还要求始终向实践开放，并非单纯一次或几次的实践活动就可以称为实践育人。实践育人是对思想政治教育功能的拓展，它在保留思想政治教育个体性功能和社会性功能的基础之上，通过重视和强化实践的作用，创新了思想政治教育育人的方法，它遵循了马克思主义教育原理的基本要求，坚持了马克思主义哲学的基本观点——实践观，实践是认识的基础，实践是认识的来源，实践是认识发展的动力，实践是检验认识真理性的唯一标准……在认识论上，实践始终处于优先地位，马克思曾指出，"全部社会生活在本质上是实践的"。对教育来说，实践性是教育的本质属性，实践育人是大学生成长成才的内在需要，大学生健康成长不止包括知识结构的完整和知识能力的提高，更体现为一种德智体美全面发展的状态，是个体与社会和谐交融，是高度的社会化。而达到这种目标和境界，单靠理论教育是不够的，必须要在实践中锻炼和强化，实践育人加速了大学生社会化的进程。"实践育人是现代教育理念、教育模式、教育实践的统一。实践育人不是一门课程、一次活动、一种方法或途径，而是一个统一的教育体系结构，不仅包括更加重视实践教育的现代教育理念，也包括为贯彻实施这种理念而形成的各种教育方式方法和教育活动形式的总和"[①]。正是在实践的作用下，传统的理论与实践二元对立的矛盾被打破，学生在课堂上接受了理论知识之后，能够得以在实践中应用，这是实践育人的根本表现。

思想政治教育本身就是一种社会实践活动，它不仅可以通过理论灌输，还可以通过实践育人达到其目的。一方面，思想政治理论课教师作

---

① 申纪云. 高校实践育人的深度思考［J］. 中国高等教育，2012（13）：12.

为思想政治教育活动的主导者,他们所坚持的"四个统一",都是实践中的统一,是通过实践来践行和表现的。用"四个统一"师德观规范自己的职业行为,为学生树立一种行动上的表率与示范,通过自己的行动去影响学生、感化学生,是实践育人的表现之一。另一方面,思想政治教育不只通过理论育人,更通过实践育人,思想政治理论课教师坚持"四个统一",就会更加注重实践对大学生教育的重要作用,重视教育的实践属性,发挥实践教学对学生的引导作用,在现实中开展更多丰富多彩的实践活动,激发学生主观能动性的发挥。最后,坚持"四个统一",将教学、科研与实践、育人紧密结合,思想政治理论课教师才能担负起重任,直面现实、回应问题,不断强化理论自信,在实践中增强教育教学活动的针对性和实效性,因为理论研究与社会实践相结合是提高理论的说服力、发挥思想政治理论课育人功能的根本途径。综上所述,坚持"四个统一"师德观,能够拓展思想政治教育"实践育人"的功能。

三、拓展思想政治教育的"学术育人"功能

大学是依托学术而存在的,大学不仅具有知识传递的功能,还具有"学术育人"的功能,倘若没有学术,大学就缺失了之所以称之为大学的某种文化与责任,学术育人就失去了作用场。大学中教学和学术职能是互为一体、辩证统一的关系,教学活动的开展需要以教师的学术功底作为支撑,在知识传递的过程中,学术研究对教学具有促进作用;而学术的创造需要教师关注学科的前沿问题,掌握知识的发展动态,并在教学中将其传递给学生。学术性是大学最核心的价值和最本质的属性,"学术育人"的影响是潜移默化的,身为学生健康成长指导者和引路人的思想政治理论课教师坚持"四个统一",将"四个统一"的前两方面

的要求与后两方面的要求结合起来,即将教学和科研结合起来,在此基础上,坚持学术自由和学术规范相统一,能够树立一种学术精神和学术环境,而学术观念、学术精神、学术道德、学术环境是大学学术文化的核心要素。

当前的现实境况却是,很多思想政治教育领域的学者认为学术属于高层次的研究,育人这种基础的教学工作是一线教师的事,是学校党政、德育工作的任务,由此就造成了很多学者学术成果显著、学术水平上升,但从育人的维度来对他们进行评价时,却出现了效果较差、对学生影响程度不够等现象。甚至部分思想政治理论课教师,在市场化、大众化、世俗化的潮流中迷失了自己,出现学术不端、学术腐败、学术庸俗的现象,一方面损害了高校教师的学术名誉,降低了自己学术探索的热情,另一方面,对学生的学术品格也造成了极大的负面影响。"'学人'和'学问'在大学生心目中已经严重贬值,庸俗的学术风气导致真正的学问本身所负载的先进文化也在相当一部分学生的心灵天平上失重,高校为数很多的哲学社会科学'学问'失去了尊严,'学人'也就失去了影响和教育自己门下子弟的资格"[①]。当下高等教育大众化程度不断提高,在多元的时代选择和不同的文化特征下的大学生容易在乱象下迷失自我,缺乏丰富而充实的精神空间,缺少主流文化的定位和引导,在大众文化的旋涡中漂浮不定,对待学习和生活缺乏一种意义的追求,更谈不上具备一种怀揣理想、探索真理的精神。在这样的背景下,思想政治理论课教师如果不能通过学术影响和人格魅力对学生进行正确的引导,如果不能通过提升思想政治理论课的亲和力、感召力和吸引力来帮助大学生弥补精神亏空,大学生就可能出现精神"缺钙"的现象,

---

① 王涛. 高校的学术研究与育人使命 [J]. 教育研究, 2004 (12): 58.

而这样的后果是不可想象的。

"自1810年洪堡提出科学研究是大学的重要职能后,科研与教学一起成为大学培养人才的基本途径"①,大学是兼具教学育人和科研学术育人的场所,尤其对作为"人类灵魂的工程师"的思想政治理论课教师来说,他们从事的是培养人的思想品德的工作,其工作对象是活生生的、现实的人,他们更担负着通过发挥自己的学术能力,用自己的个性品质如知识才能、道德品质等"精神教具"感染学生的职能,"思想政治教育的效果,不仅取决于真理的力量,也取决于人格的力量,即取决于教育者榜样的作用"②。思想政治理论课教师坚持"四个统一"师德观,能够规范学生的学术思想与行为,即通过自己的亲身示范,为学生的学术积累和学术创作树立一座标杆,对他们的思想、行为产生强烈的引导、规范与约束效应。"大学生学术思想与行为的判断、选择实质上是他们由学科价值观熏陶、学术思想引导、学术能力培养向学术道德自律转化的一个动态过程"③,在这一过程中,培养学生道德品行的思想政治理论课教师的学术示范对学生有着不可低估的影响。思想政治理论课教师坚持"四个统一"师德观,能够以一种潜移默化的方式,增强学生的道德自律,即教师以一种"学高为师,身正为范"的道德约束力监督、约束自我的学术行为并对学生的学术行为、学术品格负有教育和指导的责任,并促使他们将其内化为自身的良好品行,形成一种学术的道德自律。可见,思想政治理论课教师坚持"四个统一"师德观,有助于拓展思想政治教育"学术育人"的功能。

---

① 李忠云. 科教融合 学术育人 [J]. 中国高校科技,2012(01):12.
② 陈万柏,张耀灿. 思想政治教育学原理 [M]. 北京:高等教育出版社,2007:155.
③ 施鹏. 大学学术文化的育人功能与建设对策研究 [J]. 前沿,2015(03):12.

四、拓展思想政治教育的"制度育人"功能

制度育人中的"制度"主要是指高校中与大学生相关的各类管理制度,大学是培养人才的学术组织,大学的管理制度不是用来限制学生思想、束缚学生个性的条文,而是调节学生学习与生活的行为规范,是用以引导学生形成良好行为习惯和完善道德品行、形成健全人格的保障。所谓"制度育人"就是"把大学的制度作为育人的资源、载体、手段,用良好的制度培养全面发展的人"①。作为育人的一条基本途径,制度育人的目的是促进大学生对规章制度的理解和掌握,促使他们形成自觉遵守规章制度的思想基础,养成遵守规章制度的行为习惯。

但是在当下思想政治教育过程中,制度育人存在现实困境。一方面,制度的价值错位和规范主体的部分缺位。现实中制度的作用局限在规制学生的品行上,过分强调学生的遵守和服从,以致教育和制度出现"两张皮"现象,造成制度运行的价值错位;育人的主体限制在思想政治理论课教师,专业课教师和学校其他教职工都被排除在外,导致育人工作难以全面展开,制度的育人价值被轻视。另一方面,有些规章制度的设计存在缺陷。制度设计除了包含权利、义务、奖惩、规则之外,还应当包括人生价值、道德品质等精神层面的设计因素,但是高校为了维持正常的教学秩序,将工作重心放在管理上,"育人"不是制度设计时考虑的重点,由此,制度的育人功能再次受损。可见,现实中思想政治教育的育人功能并没有得到理想的发挥。然而,"好的制度,就是能够促进人自由全面发展的制度,就是能够提升道德境界、展现人的力量、

---

① 冷向宇. 大学制度育人的现状及建议 [J]. 赤峰学院学报(自然科学版),2016 (03): 202.

表现人的自由、让人获得内在丰富性的制度安排"①，大学育人制度的核心和根本就是提升管理制度的"人本性"②，具体说来就是制度设计应以学生为基础，把激发学生的潜能、实现学生的价值放在核心位置，把促进学生的全面发展作为最终目的。以学生为本的制度设计是尊重学生、解放学生、激励学生、发展学生的根本途径，它始终坚持以学生为出发点和归宿，彰显人性的善，使学生通过道德体验和道德实践感受到制度的合理性和公正性，从而产生从内心认可并积极践行的热情和动力，使道德成为学生内在的精神追求。这样，物化在制度中的道德原则和道德规范就会逐渐由他律转化为自律，全面发展的目标也得到了精神的支撑，制度育人所追求的意义和价值也就能够得以实现，而这样的制度不仅要通过最初的设计体现其价值，更要通过实施或践行制度的人来发挥制度的内在魅力。

对思想政治理论课教师来说，坚持"四个统一"师德观能够提升自身的素质，而提升教师素质是搞好育人工作的关键。"制度育人"不仅在于制度的设计者，更在于制度的执行者，他们素质的高低直接影响到教育职责的履行，关系到教育水平的高低和教育成效的大小。思想政治理论课教师是学生道德品行的主要模仿对象，他们身份的特殊性决定了其必须履行相应的制度，只有坚持教书和育人相统一，坚持学术自由和学术规范相统一等制度规定，才能对大学生遵守制度规范提供榜样示范的作用，只有以制度的内在规定性去影响和感化学生而非以硬约束的形式去威慑学生，才能实现制度育人的目标，才能拓展思想政治教育通过"制度育人"实现育人目的的功能。

---

① 罗豪才，宋功德. 和谐社会的公法建构［J］. 中国法学 2004（06）：7.
② 徐长恩. 从制度育人看高校学生管理制度的创制［J］. 思想政治教育研究，2006（05）：121.

第三节 开创新时代思想政治教育的新方法

一、开创新时代思想政治教育方法创新的新思路

新时代的到来加快了人们思维方式和行为方式的转变，思想政治教育作为提升人的思想素质的活动，其方法必须与时代的发展相协调，与社会进步的方向相一致，与人的精神生活的要求相适应。思想政治教育是以马克思主义为指导的活动，马克思主义具有与时俱进的理论品质，它不是一成不变的，而是随着时代的发展而不断变化发展的，"随时随地都要以当时的历史条件为转移"①。马克思主义中国化最新理论成果对思想政治教育的实践发展提出了新的要求，思想政治教育必须以马克思主义的最新理论成果——习近平新时代中国特色社会主义思想为指导来武装全党、教育人民，而不是教条式地固守传统的思想政治教育的内容、原则和方法。新的时代背景加之理论发展的内在需要使得传统的思想政治教育方法在一定程度上已经难以满足时代发展的现实需求，因此必须对思想政治教育的方法进行创新，更好地改进和加强新时期思想政治教育工作，以提升思想政治教育的实效性，加快完成新时代的发展对思想政治教育提出的新使命。"四个统一"师德观对开创新时代思想政治教育方法创新的新思路主要表现在以下三个方面：

首先，"四个统一"师德观有利于转变教育者传统的思维方式。在

---

① 马克思，恩格斯. 马克思恩格斯选集（第1卷）[M]. 北京：人民出版社，1995：258.

思想政治教育的过程中,教育者的思维方式直接影响他们对观念和认识的把握,影响他们对事件和问题的处理。新颖、先进的思维方式有助于教育者准确地理解和把握思想政治教育的目的和任务,遵循思想政治教育过程的规律和基本原则,用科学、合理的内容结构武装学生的思想;而陈旧、落后的思维方式有碍于教育者方法的选择与实施,阻碍了他们形成创新的意识和开阔的视野。因此教育者首先需要从单向型思维方式向多向型思维方式转变①,单向型思维方式以事物本身为基点,沿着固定直线进行单向思考,具有单一性、封闭性和片面性的特征。而多向型思维方式从一个原点出发向四周扩散思考,沿着多个不同的方向获取信息,具有系统性、开放性和动态性的特征。通过形成多向思维来应对思想政治教育提出的新挑战,创造性地运用有关的方法和技巧增强思想政治教育的效果。教育者其次需要从被动式思维向主动式思维转变,被动式思维是一种依赖性的思维方式,过分依靠他人的帮助,自身不会主动地寻求解决问题的方法;而主动式思维是一种积极的、创造性的、主动出击式的思维方式,具备这种思维的人不会消极地等待他人的帮助,消磨宝贵的时间,而是抢占先机迅速出手。一个具备多向型、主动式的思维方式的教育者能够及时地发现思想政治教育中存在的问题,从而及时地发现与化解,采取多种方式方法将问题解决在萌芽状态。而一个具有单向、被动式思维的教育者往往容易贻误解决问题的最佳时机,"等、靠、要"的思维定式不利于发挥他们在思想政治教育中的主动地位,方式选择的简单化和片面化又不利于问题的真正解决。因此,要想进行思想政治教育方法的创新,转变教育者传统的思维方式是重要的步骤。

其次,"四个统一"师德观有利于改变教育者对待教育对象的态

---

① 常春梅.浅析思想政治教育方法创新的基本思路[J].中国青年政治学院学报,2002(03):21.

度。教育者对教育对象的态度是二者间关系的重要体现，它对于教育方法能否发挥其实效性具有决定性的作用。一个正确、恰当、亲和的思想政治教育态度，有助于促使思想政治教育达到预期的效果，实现教育的实效性；一个不正确、失当、苛刻的思想政治教育态度，会抵消掉先前的教育所实现的效果，不利于发挥思想政治教育的实效性。要想使思想政治理论课教师与大学生之间保持和谐友好的关系，必须调整思想政治教育的态度，而"四个统一"师德观的提出有助于促进思想政治理论课教师与大学生之间由高高在上向平等相处的态度转变。市场经济的深化加速了社会成员主体意识的上升，大学生的思想观念也受市场经济的影响在潜移默化中发生着转变，原先思想政治教育方式中"你讲我听""你打我通"的被动式灌输的方法已经难以满足当下大学生的思想需求，如果思想政治理论课教师仍然以高高在上的态度对学生进行教育，那么思想政治教育的实效性将难以保证，相反，如果思想政治理论课教师以一种尊重大学生主体地位的态度与其交流和沟通，往往能获得较好的效果。而"四个统一"中言传和身教相统一、潜心问道和关注社会相统一的要求就加速了思想政治理论课教师态度和观念的转变。此外，"四个统一"师德观还有助于促进思想政治理论课教师与大学生之间由单向传授向双向切磋转变，"他们需要的不是像传道士似的教育者，而是可以共同探讨问题的交流者和切磋者"①，而"四个统一"中育人的要求、身教的要求以及关注社会的要求都在某种程度上催化了这种"切磋式"的教育态度。

最后，"四个统一"师德观有利于开展形式多样的实践活动。教育活动是思想政治教育方法的最直接的体现，任何教育内容的探讨最终都

---

① 常春梅. 浅析思想政治教育方法创新的基本思路 [J]. 中国青年政治学院学报，2002（03）：22.

要通过教育实践活动落实到受教育者的头脑中去。"实际上，思想政治教育方法创新的效果最终要在实践中体现出来，而在具体的活动中，教育者的践行行为将直接关涉到思想政治教育方法创新的执行情况以及在这其中继续发生的创新"①。思想政治教育绝不仅仅是静态的知识的传授，而是通过实践引导将教育者的人格魅力贯穿其中，思想政治理论课教师坚持"四个统一"的基本要求，尤其是育人、身教、关注社会这三项要求，将直接关系到他们是否会通过开展实践活动来帮助大学生形成社会所需要的思想品德，而"四个统一"师德观的践行必将是在实践中，在形式多样的教育活动中去发挥它应有的效果。

二、开创新时代思想政治教育方法创新的新模式

新时代思想政治教育方法创新不仅需要新思路的理论指导，还需要以一种新的模式进行现实实践。"四个统一"师德观从教学和科研的角度，以正己和育人为标准，对高校思想政治理论课教师提出了新的要求，开创了新时代思想政治教育方法创新的新模式，具体来说主要体现在以下三个方面：

"四个统一"师德观深化了"以人为本"的观念模式。坚持"以学生为本"的教学理念是教育发展的本质要求，大学生作为一个充满朝气与活力的群体，他们个性鲜明、思想前卫、观念多变，善于接受新事物，但同时他们的情绪容易波动，性格也尚未稳定和完善，他们所持有的骄傲与自卑、盲从与依赖心理复杂交织，致使对其进行的思想政治工作出现了许多障碍，对思想政治理论课教师提出了很大的挑战，因此能

---

① 李薇薇. 简析影响思想政治教育方法创新的三个层面 [J]. 思想教育研究, 2012 (07): 12.

否坚持"以人为本""以学生为本"是思想政治教育能否顺利发展的前提和基础。而这两项原则深刻贯穿于"四个统一"的思想内涵之中：教书和育人相统一坚持增进学生的主体地位、以学生为一切工作的出发点；言传和身教相统一从理论和实践的角度向学生的健康成长聚力，将教育理念和教育实践经验相结合贯穿于思想政治工作方法创新的全过程；潜心问道和关注社会相统一更是拓展了以人为本的深层内涵，引导教师关注人类社会运行之道、关注人生存和发展的境遇、建构人的精神家园；学术自由和学术规范相统一的提出也是为了促进学术发展对现实社会的指导意义，通过给予高校教师学术自由来繁荣人文社会科学的学术研究。"以人为本"是思想政治教育的价值和归宿，"人的价值问题既是思想政治教育价值的逻辑起点，也是思想政治教育价值的落脚点"①。"四个统一"师德观从不同角度、不同方面深化了"以人为本"的观念模式。

"四个统一"师德观拓宽了"双向互动"的实践模式。人的思想品德的提升不是仅靠先天本能地自动展开和外在教育的机械灌输就能完成的，个体若不积极参与到品德形成的实践和互动中，一直保持消极被动的态度，道德品质是难以形成的，只有结合自身的社会实践去积极主动地建构与优化，自身的道德素质才能得以提升。对"四个统一"的主客体来说，这一过程离不开思想政治理论课教师的辛勤付出，离不开大学生的自觉参与和积极实践，思想政治理论课教师通过理论知识的传播和身体力行的示范对大学生的思想施加影响，大学生通过接收思想政治教育信息并能动地吸收和改造，转化为自己的思想品德，建构起自己的思想体系，这是一个既双向互动又反复循环的过程。而"四个统一"

---

① 王贤卿. 论高校思想政治理论课教学方法创新的特点与路径[J]. 思想理论教育导刊, 2011 (01): 73.

师德观拓宽了这种"双向互动"的模式：教书和育人相统一使教师既能在教书的知识传播与反馈中实现与学生的互动，又能在育人中挖掘学生的潜能，使学生既能接受理论知识传递，又能在与教师的联系和交互中锻炼自己的能力；言传和身教相统一使教师和学生之间的关联不仅局限于课堂上的传授，还延伸到课堂之下身体力行的实践示范当中；潜心问道和关注社会相统一不仅提升了思想政治理论课教师问道、传道的能力，还透过关注社会的要求塑造了有责任有担当的知识分子的角色；学术自由和学术规范相统一在推动教师进行学术研究、探索真理世界的同时，促进了他们遵循学术规范加速学术成果的转化。"双向互动"的实践模式是现代思想政治教育方法创新的新理念和新模式，"四个统一"师德观拓宽了这种实践的模式。

"四个统一"师德观强化了"情境塑造"的动态模式。思想政治教育不是在真空下进行的，这一活动的进行脱离不了情境的应用，它是在特定的社会生活环境和人的交往实践中进行的，"思想政治教育的方法创新，要体现情境塑造的动态理念，使教育者和受教育者的亲身体验和相关实践活动有利于驱散交往实践中出现的心灵阴霾，有利于建构良好的人际关系和社会秩序"①，它是一种基于情景实践的动态模式，是个体自觉自愿而非被强迫的、模式化与格式化的动态发展和良性提升的互动过程。在"四个统一"师德观中，尤其是教书和育人的情境贯通，言传和身教的情境需要，都是在一种动态平衡的模式下通过教师为学生树立的科学、系统的思想政治教育的情境来塑造大学生形成社会所需要的道德品质。"四个统一"师德观开创了新时代思想政治教育方法创新的新模式，通过塑造大学生与思想政治理论课教师间良好的生活情境和

---

① 张国启，王忠桥. 新时期思想政治教育方法创新的理路分析［J］. 理论前沿，2010（03）：11.

精神氛围，提升教师的职业道德素质和学生的思想道德水平，而这些目标的实现，远非传统的"灌输式""填鸭式"的教学模式所能达到的。因此，"四个统一"师德观在一定程度上强化了情境塑造的动态模式，使思想政治理论课教师的思想政治教育活动摆脱知识化、形式化、理想化的影响而深入大学生的现实生活。

"四个统一"师德观更新了"数据信息"的评价模式。大数据时代的到来，将事物的可量化程度和范围空前推进，催生出数据密集型的知识发现，驱动着科学研究范式转换。[①] 当前对高校思想政治教育工作进行研究，必须转变工作方式，用实证主义的方法进行定性和定量研究，通过科学的研究方法来取得好的研究效果和研究目的。目前，社会生活面临多元思想的交融和冲击，高校学生思想日益呈现出独立性、多变性、选择性等特点，使得高校思想政治教育难以进行定量分析，因此我们必须重塑思想政治教育的评价模式，创新性运用第四范式来开展研究。首先，运用第四范式的评价模式，加大思想政治教育的增值性评价。在大数据时代，一切将会产生巨大变化，"因为它为我们的生活创造了前所未有的可量化的维度"[②]。通过对高校学生日常学习生活、心理状态和行为模式的数据采集和量化，根据大数据平台进行对比分析和科学研判，根据数据特性提升高校思想政治教育工作的针对性，同时通过个别访谈、观察记录等手段，进一步完善数据的精确度，引入多元线性回归模型和多水平分析模型，严格控制变量，准确计算出学校和教师的效能，并检视教育发展中存在的问题及其影响因素，同时不断加以改

[①] 朱德全，吴虑. 大数据时代教育评价专业化何以可能：第四范式视角［J］. 现代远程教育研究，2019，31（6）：14-21.
[②] ［英］维克托·迈尔·舍恩伯格，肯尼思·库克耶. 大数据时代生活、工作与思维的大变革［M］. 盛杨燕，周涛，译. 杭州：浙江人民出版社，2013：17.

进实现教育的增值①，为高校思想政治教育工作大数据平台提供精准的定性定量数据，提升高校思想政治教育的研究水平。其次，运用第四范式的评价模式，增强思想政治教育评价结果的有效性。大数据时代，第四范式是提升思想政治教育工作评价的创新性模式。第四范式的评价机制，通过对思想政治教育数据的精细化采集、融合分析，以及精准反馈，来提升思想政治教育的评价效果。在日常思想政治教育工作中，通过大数据的云平台和云计算手段，把思想政治评价的结果以可视化的模型传达给思想政治教育工作者，同时加强对思想政治教育活动的实时监测，通过这种即时数据分析来强化反馈机制，推进思想政治教育活动的评价机制科学化。

三、开创新时代思想政治教育方法创新的新格局

在"四个统一"师德观的指导下，在思想政治教育方法创新开创的新思路和新模式的影响下，新时代思想政治教育方法创新出现了新格局。格局是指事物的结构、布局和态势，格局决定事物的层次和事物发展的最终境界，思想政治教育方法创新的新格局也就是思想政治教育在方法创新上的整体布局与结构，是在思想政治教育方法层面上塑造的、不同于传统教育方法的新局势和新体系，这一格局决定着思想政治教育的实效性能否体现，也决定着思想政治教育的价值能否得到发挥。新格局的"新"主要体现在以下两个方面：

"四个统一"师德观开创了思想政治教育"协同创新"的新格局。

---

① 朱德全，吴虑. 大数据时代教育评价专业化何以可能：第四范式视角[J]. 现代远程教育研究，2019，31(6)：14-21.

所谓协同创新是指"在一个系统中各子系统或各要素，基于共同目标，通过形成共享的观念，构建沟通机制，搭建资源共享平台，相互配合、协调一致形成新的整体系统，产生新的协调效应的过程"①。思想政治教育的"协同创新"是指高校思想政治教育大系统，包括思想政治教育的不同主体、各种方法之间基于促进大学生全面发展这一最终目标，通过构建沟通机制、交流合作、资源共享进而相互配合、协调一致、配合默契地形成一种不同要素间同向发力，共同促进目标实现的"合力"。"四个统一"师德观主要是针对高校思想政治理论课教师提出的规范其行为的指导原则，但是它的适用主体不仅限于思想政治理论课教师，在高校工作的全体教师包括专业课教师、高校思想政治工作者和其他行政岗位的教师均在"四个统一"师德观的指导和影响下，习近平在高校思想政治工作会议上的讲话中提道，"要用好课堂教学这个主渠道，思想政治理论课要坚持在改进中加强，提升思想政治教育亲和力和针对性，满足学生成长发展需求和期待，其他各门课都要守好一段渠、种好责任田，使各类课程与思想政治理论课同向同行，形成协同效应。"② 由此可见，"协同"是思想政治理论课获得实效性的关键。而"创新"就是指思想政治教育方法的创新，新时代社会发展的全面需要和人的思想意识越来越多元化的趋势客观上要求思想政治教育跟上时代的步伐，采用新的手段、运用新的方法来实现其目的，保证高等教育价值目标的实现。"四个统一"师德观从教学和科研的角度规范了高校教师的行为，对于促使高校教师自我要求、自我约束，推动高校各门课程同向同行，开创思想政治教育方法创新，增强思想政治工作的时代感和

---

① 王海建. 协同创新：高校思想政治教育创新发展的必然路径［J］. 探索，2003（01）：139.

② 习近平. 在全国高校思想政治工作会议上的讲话［N］. 人民日报，2016-12-09.

吸引力，开创方法创新的新格局具有重大的现实意义。

"四个统一"师德观开创了思想政治教育评价方法在大数据时代的新模式。大数据时代，高校学生思想政治教育的关键环节是对学生数据信息的收集和分析处理。为此，思想政治理论课教师应努力寻找高校学生思想信息收集的突破口，切实提高高校思想政治教育者第四范式教育评价数据信息素养。从宏观角度看，要善于从线上线下整体把握高校学生群体的思想状况，分析他们各种各样的思想行为动态，并与各种现实事件相联系；从微观角度看，要重视高校学生个体的数据信息积累，只有积累到一定量后，才能通过数据分析揭示学生个体的思想行为动态，进而为高校学生思想政治教育开展个性化的教育作铺垫。首先，高校思想政治教育工作者应树立以小见大的理念，在第四范式教育评价基础上积极收集、整理、分析高校学生的信息数据，以增强高校教育工作的预见性，进一步提高对信息数据的敏锐度。高校学生在网上"刷抖音""玩微博"等，都反映了高校学生在大数据时代精神层面的空虚。但从另外一个角度来看，反映出高校学生对高幸福指数的追求。其次，思想政治理论课教师要提升研判学生数据信息的准确度，为高校思想政治教育工作提供突破口。例如，通过第四范式教育评价了解和掌握高校学生兴趣爱好等的变化，及时切换和调整活动的组织形式以适应高校学生的需求；帮助学生树立正确的人生规划，结合学生的实际情况制定职业规划。最后，高校应帮助思想政治理论课教师提高数据信息素养和分析能力，并有针对性地开展相关的大数据技术培训。大数据时代第四范式教育评价，思想政治理论课教师应在烦琐的数据信息中寻找具有价值意义的内容。同时把数据教育信息内容有效应用于教育活动，对思想政治理论课教师而言也是重要的挑战。因此，学校要重视寻找突破口，切实提高思想政治理论课教师数据信息素养和数据分析的能力，以第四范式教育评价适应时代发展的诉求，完成好立德树人的神圣使命。

"四个统一"师德观开创了思想政治教育方法一体化和现代化的新格局。时代的飞速发展要求思想政治教育在运行方式上必须与科研、管理、服务等工作有机结合，将思想政治教育贯穿和落实到每项工作的实处去，摆脱"两张皮"的现象，克服思想政治工作浮于表面的问题。"四个统一"师德观以系统化、科学化、协同化的理论内涵和思想实质推进了思想政治教育方法的一体化和综合化，不论是教书、言传、问道还是育人、身教、关注社会都需要思想政治教育同各学科间相互渗透与交叉，多角度思维、多方法配合，整体协调形成教育合力和综合优势，不断增强方法运用的有效性，强化"四个统一"对高校教师的影响和作用。"思想政治教育方法的现代化是社会发展的必然结果，是与人的现代化相适应的，是思想政治教育方法科学化和提高教育效果的前提，是整个思想政治教育现代化的基础"①，新时代的到来更加要求思想政治教育准确把握时代脉搏，运用符合时代特征的方法开展思想政治工作。而且大学生的思想灵活多变，倘若进行思想政治教育的教师不能与时俱进地进行理论更新和自我提升，将无法适应学生思想的发展对教师素质提出的要求。"四个统一"师德观不仅关注教学活动，而且关注时代的发展对高等教育、对人才培育提出的要求，将立德树人、为社会培养全面发展的人作为一切工作的出发点，满足教育方法现代化的实践需求。总而言之，"四个统一"师德观开创了思想政治教育方法一体化和现代化的新格局。

---

① 金鑫，张耀灿. 论新时期思想政治教育方法的创新与发展［J］. 思想教育研究，2009（06）：20.

第四节　提高新时代思想政治教育的新实效

一、提高新时代思想政治教育的"过程实效性"

思想政治教育的进行不是一蹴而就的，而是经历一个长期的过程，这个过程本质上是意识运动与传递的过程，是人的主体性生成的过程。要想实现思想政治教育活动的实际效果必须通过过程的实效性来保证结果的实效性，"德育过程的实效性体现在德育过程和教育目的的实现这一关系上，它在本质上是德育过程对教育目的的实现所表现出的一种积极的价值属性，是指德育过程最大限度地发挥诸教育要素的效能，促进教育目的的实现方面所表现出来的积极特性及所达到的实际效果"[①]，可见，过程对目的的实现能否提供一种积极的价值属性也即过程实效性对结果实效性的保障作用的具体体现。思想政治教育的过程既是教育者对受教育者进行思想、道德教育的导向和调控过程，又是受教育者能动地接受教育、完善自身品德和不断社会化的过程，是教育者与受教育者共同参与的过程，因此，要确保过程实效性必须首先从教育者这一"人"的因素抓起，充分激发教育者的积极性从而发挥出他们在教学活动中的主导作用。"四个统一"师德观从教学活动、行为垂范、育人实践、科研要求、社会需要等不同角度对思想政治理论课教师进行了全方

---

① 葛喜平. 高校德育过程实效性低的理性分析与对策研究 [J]. 学术交流，2004 (09)：168-169.

位的要求和规定,对规范思想政治理论课教师的各种行为都提供了一种标准和约束,与此同时,它也为思想政治理论课教师以德立身、以德立学、以德施教提供了方法论上的指导,对于激发他们的教学和学术热情有极大地促进作用,从源头上确保了思想政治教育实施主体的能力和素质,有利于提高思想政治教育的过程实效性。

二、提高新时代思想政治教育的"方位实效性"

方位即方向和位置,方位性对思想政治教育提出的要求就是把握方向、找准位置。方位实效性对思想政治教育来说是十分重要的,因为思想政治教育是对社会成员施加有目的、有计划、有组织的影响使其形成一定社会所要求的思想品德的社会实践活动,既然是有目的、有计划的活动,那么方向性就是该活动首先需要把握的要素,方向正确,思想政治教育才能够在正确的轨道上发挥作用;方向错误,一切方法、技巧和原则的运用都是徒劳的,甚至会促使其向着相反的方向进行。思想政治教育的最终目标是培养全面发展的人,为国家和社会培养卓越拔尖的人才,为社会主义现代化建设服务,因此,一切思想政治工作都应当指向这一目标,必须毫不动摇地把握住社会主义的性质规定和思想政治教育的正确方向。"四个统一"师德观是习近平在新时期新形势下提出的加强和改进思想政治理论课教师工作的行动指南,是根据时代发展的特征和要求对思想政治工作者提出的本质规定,通过合理的内容结构、明确的行为规定来规范思想政治理论课教师的行为,这一思想内在就具备了一种方位的正当性。高校是坚持党的领导的坚强阵地,是培养社会主义事业建设者和接班人的坚强阵地,高等教育的发展方向要同我国发展的现实目标和未来方向紧密联系在一起,高校教师坚持"四个统一"师德观,在日常的教育教学实践中做到教书和育人相统一、言传和身教相统一、潜心问道和关注社会相统一、学术自由和学术规范相统一,对把握好思想政治教育的方位性具有极大的帮助。此外,思想政治理论课教师坚持育人的价值要求,自觉做到以德立身、以德施教,担负好先进文化传播者和党执政的坚定支持者的角色,就能够更好地担起大学生健康成长的指导者和引路人的责任,从而更好地把握思想政治教育的正确方向,提高思想政治教育的方位实效性。

三、提高新时代思想政治教育的"力度实效性"

思想政治教育过程是思想政治教育本质的动态表现,思想政治教育的本质存在就是通过社会的调控将统治阶级的意志作为思想政治教育的内容贯穿到社会现实中去,使社会成员接受并转变为自己的行为准则。因而思想政治教育过程的内在规定首先应当明确国家意志,它是思想政治教育核心和灵魂的内容。加大思想政治教育的力度以提升新时代思想政治教育的"力度实效性"是新时期加强思想政治工作的迫切要求,表明了党和国家对思想政治工作的重视,而力度的首要体现就是思想政治教育的意识形态性。首先,"四个统一"师德观是师德师风建设的时代要求,它是通过对高校思想政治理论课教师的规定和约束来统一党执政的支持者的思想意识,促使他们树立坚定的马克思主义信仰,形成良好的职业道德修养和高尚的个人品质,从而保证他们开展教育活动时能够以正确的观念和思想影响和改造学生。其次,"四个统一"师德观是新时期国家对高校思想政治理论课教师提出的全新要求,它能够促使教师以更高的道德和学术标准要求和提升自己从而增强思想政治理论课的教学效果,帮助大学生形成坚定的思想信仰,为社会主义事业培养建设者和接班人。最后,思想政治理论课教师坚持和践行"四个统一"师德观还能够有效抵御西方敌对势力对我国青年群体的影响和渗透。当前,随着国际互联网的普及,在互联网形成的信息环境中,对信息来源的审查以及对信息的过滤变得异常困难,五花八门的信息都能够在校园中传播,从而形成复杂的网络环境,使得高校学生周围的网络空间难以控制,网络质量大幅度下降,教育空间就会遭到污染。互联网信息对高校学生的影响主要来自三个方面:一是西方某些国家在意识形态方面对我国高校学生的渗透,引发高校学生人生观价值观的冲突与缺失。二是大量网络信息垃圾在网络中的泛滥对高校学生的思想造成严重侵入。国际互联网是一个信息宝库,同时也是一个信息的有害场所,学术信息、生活信息、社会信息以及各种有害信息混合在一起,这样一来,网络信息非常混杂。三是信息网络技术的滥用威胁着学生的道德伦理,信息网络也导致高校学生的思维空间和行为空间得到了极大地拓展。互联网上的隐蔽性使道德行为的自由度和灵活性显著增强,为青年放弃道德责任提供了可能。① 而且西方国家为维护资本主义制度在全球的绝对优势和资本主义的文化安全,通过各种手段和方式不遗余力地向中国输出其文化价值和政治制度,加强在意识形态领域的渗透,诋毁我国的国家制度,否定社会主义建设的成果,攻击共产党执政的合法性,企图以和平的方式冲击我国的国家利益与安全。在这种严峻的国际形势下,加强思想政治教育在意识形态领域的控制和指导具有关键的现实意义,"四个

---

① 张瑜,刘涛雄. 努力探索网络德育的有效途径 [J]. 中国高等教育,2000 (18):16-17.

统一"师德观以一种由上到下的方式,从约束思想政治理论课教师开始,通过完善上位道德品质从而能够指导下位道德品德的方法对当代大学生的思想政治状况施加影响,有效地提高了思想政治教育在当前社会发挥"力度实效性"。

第五章

思想政治理论课教师践行"四个统一"师德观的掣肘因素

"四个统一"师德观是针对高校思想政治理论课教师提出的、规范和约束他们教育教学活动的指导原则。尽管当前我国教师队伍建设取得了一定的成绩,高校思政教师队伍的整体素质获得了大幅提升,但是,"四个统一"师德观作为一种精神上的内在规约,对所有思想政治理论课教师的坚持和践行来说仍是有难度的,反观当下现实境况,就存在许多掣肘因素。在教书育人环节中,科学精神与人文精神脱节;在言传身教中,知识传授与行为示范脱节;在学以致用中,工具理性和价值理性脱节;在学术研究中,学术理想与学术规范脱节……这些都是影响思想政治理论课教师践行"四个统一"的掣肘要素。唯有直面困难和挑战,弄清制约政治理论课实效的掣肘因素,分析和总结现实当中如何解决问题、消除不良影响,才能破解难题,真正发挥"四个统一"师德观的理论价值和实践价值。

第一节　教书育人中"科学精神"与
　　　　　"人文精神"的脱节

一、科学精神与人文精神脱节的主观原因

教学环节单纯强调科学精神，忽视人文精神的渗透。教学环节本身是一个知识的传授与灌输、学生理解与记忆的过程，课堂是开展教学活动的主要场所。在这一过程中，教师与学生之间的主客体关系、教与学的任务和要求十分明确，通过这种活动，教师有目的、有计划、有组织地引导学生自觉主动学习，掌握科学文化知识和基本技能，促进其全面发展，使学生成为社会所需要的人。思想政治理论课是一门以理论知识传授为主的课程，因此它的开展场所主要集中在课堂。通过课堂教学，思想政治理论课教师将马克思主义理论知识传授给学生，通过讲授马克思主义基本原理、思想道德修养与法律基础、毛泽东思想与中国特色社会主义理论体系等课程，最终使学生掌握基础知识、形成马克思主义的理论思维，从而能够用马克思主义的立场、观点和方法看世界，并在马克思主义理论的指导下展开实践活动，对党带领人民奋斗和发展的历史进程有基本的认知，形成对中国特色社会主义道路、制度、理论、文化的"四个自信"，并在此基础上，形成一定社会发展所需要的道德。这是设置思想政治理论课的理想目标。但是，实际在教学活动开展过程中，部分思想政治理论课教师往往单纯强调将这些知识灌输给大学生，注重对知识理论精髓、内在逻辑的深入挖掘，试图以一种科学的状态和视角对学生进行"覆盖式"的知识灌输，强行把自身专业性的、深层次的知识成果移植到学生的头脑中，而恰恰在这一过程中，教师忽视了对学生接受程度、形成过程以及实践养成等环节的关注，导致学生接受的理论知识与这些知识对他们的改变之间的脱节，这种"脱节"往往就造成大学生具备人文科学知识，但缺乏知识赋予他们的人文气质，更谈不上伴随高等教育而生的人文精神。更甚者，有个别教师只注重将学校分配的教学任务给学生"讲完"，根本不在乎自己是否将知识"讲透"，更谈不上对知识深层内涵的扩展以及对学生潜能的发掘，人文精神的渗透在教师这样的自我要求下，每走一步都变得十分艰难。

  育人环节过于强调人文精神，忽视了科学精神的培养。如果说教书阶段是为了形成学生的"才"，那么育人阶段就是为了培养学生立足社会的"德"，教书是手段，育人才是目的。一个只具备科学知识的大学生，倘若没有个人立足和社会发展所需要的道德品质，没有自身丰富而完善的精神世界，那么他们的知识就有可能使其成为社会的危险品，在面对物质利益诱惑时可能做出出卖知识、违背道德良心的决定。因此，教书环节固然重要，但是育人这一环节在大学生的人生历程中更为关键，因为大学生正处在世界观、人生观、价值观形成的关键时期，教书使其掌握的是一门生存的技能，决定他们能否凭借知识和能力走向社会，而育人则赋予他们作为人存在社会的依据，它强调的是一种精神品质和人文内涵，影响的是学生在社会能走多远。但是，育人环节注重对学生思想境界、道德修养和行为规范的影响，这种影响往往是潜移默化的，它不但存在于课堂知识的内在渗透中，还存在于教师身体力行的言传身教中，存在于课堂之外教师对学生谆谆教诲、持续引导的隐形教育中，是教师坚持全程育人、全方位育人的表征。这样一来，育人环节的开展并不都是在课堂这一平台完成的，更多的是在课堂之外借助合适的时机、实践的机会辅助教学环节完成的，这一环节因此缺少了一些科学性。这种课堂之外的教育缺少了课堂的严谨性和说教性，往往以一种温和随意的方式进行，人性化有余而科学性不足，此外，教师育人的内容往往是基于生活实践得来的，而非基于学科知识、道德伦理等，因此育人环节中就缺乏科学精神的浸润。

二、科学精神与人文精神脱节的客观原因

科学精神与人文精神脱节的学科壁垒原因。当前，受教育体制、就业压力和社会环境的影响，高等教育当中出现了只关注学生专业知识教育而忽视人文素质培养的问题，尤其是在理工科大学生的教育当中，这一现象更为常见。究其原因，无外乎两个方面：一方面，教授理工科专业课的教师自身不重视人文素质教育，认为科学技术才是第一生产力，理工科的学生只需要成为合格的科技工作者，无须具备人文社会科学的知识，在这样思想的影响下，很多学生对基本的文化常识缺乏理解，甚至不具备健全的人格和正确的价值观，更谈不上全面发展；另一方面，理工科的大学生自身具有一定的群体特殊性，受到文理生源、课程设置以及学科特点的影响，他们的思维方式往往以"科学理性""工具理性"为主导，而反映人文精神的价值理性往往不在他们的思维习惯之内。"由于专业学科的特点，理工科大学生擅长数学演算、逻辑推理，规则意识强、逻辑思维严谨，在养成求真务实的治学态度的同时，也可能导致看问题比较片面或机械化；对自然科学的热衷，在一定程度上也

可能造成他们对人文科学的忽视，价值观塑造有待加强。"① 自然学科和人文学科之间缺乏一种学科的交互与渗透，尤其是理工科在本身人文知识相对缺乏的情况下，倘若教师再不注重对人文素质的培养，继续认为人文素质的养成是与他们无关的事，在日常的教学活动中还是仅仅关注对专业知识的灌输，那么教师这种认识上的"错位"所造成的自然科学精神与人文精神脱节的现象就愈加严重。然而，众所周知一个拥有健全人格、正确价值观和德智体美全面发展的人必然是同时具备严谨的科学精神和完备的人文精神的人，所谓"全面发展"是多向、多维的深度发展，而不是单纯智力的发展。对于理工科大学生来说也是如此，他们肩负着国家科技发展的重任，过硬的专业本领固然是事业发展的基础和保证，但坚定的理想信念、积极的人文情怀和高尚的爱国情操才是事业成功的关键。倘若自然科学和人文科学之间的学科壁垒持续存在，长此以往，这种壁垒就会变成高等教育培养的大学生科学精神和人文精神之间脱节甚至断层的要因，阻碍大学生成为全面发展、能够担当民族复兴重任的人。要真正实现科教兴国和人才强国的战略，高校势必要打破这种学科壁垒，教师势必要把对大学生的思想政治教育落到实处。

科学精神与人文精神脱节的渗透阻隔原因。科学精神与人文精神之间需要一种渗透，这种渗透不仅来自学科之间内在的逻辑关联，更来自教师之间的相互配合，这种配合主要通过以下两个方面来实现：一是课堂教学的过程中，专业课教师在将专业领域的知识传递给学生的同时，还应将教师认为学生应当掌握的适用于本领域的人文知识如学术诚信、道德伦理、意识形态等强调给学生，作为提醒和警示；二是在日常的学

---

① 焦洁庆. 理工科院校大学生思想政治状况及其优化 [J]. 学校党建与思想教育，2017（12）：63.

术活动、师生相处过程中，不论是专业课教师还是思想政治理论课教师都有义务在"全程育人"的指导下，对学生进行日常教育和人文知识的点拨，促使其掌握科学伦理、形成人文气息。爱因斯坦曾说过，"用专业知识教育人是不够的。通过专业教育，他可以成为一种有用的机器，但是不能成为一个和谐发展的人。"[①] 科学教育解决的是大学生"如何做事"的问题，而人文教育解决的是"如何做人"的问题，它们二者一个决定大学生能否凭个人习得的知识和能力走向社会，一个决定大学生靠智力和道德能在社会走多远，二者结合培养的大学生才是社会发展所需要的复合型人才。然而，现实的情况却是，科学精神与人文精神之间的相互渗透被阻隔，从高中阶段实行的文理分科制度开始，就从思想上打下了科学和人文分离的烙印；大学阶段，专业课的学习时间紧任务重，理工科大学生更是将大部分时间用于专业学习、实验探究，对当前政治经济形势和社会民生状况鲜有过问，对人文社会科学的知识也很少涉猎，这种无形的阻隔造成了大学生知识结构的单一化。虽然说我国很多高校对人文教育比较重视，有些高校还专门从社会上聘请一批优秀的从事人文通识教育工作的专职工作者，但是从现在看来，进行人文教育效果没有达到理想的状态。综合现实情况，产生这种现象的重要原因是没有从实际出发来引导学生，没有在本质上去发现大学生个体的内心世界与潜在思想。现在高校的人文教育模式在很多程度上只是关注全体学生的人文教育，没有从学生个体出发细致入微地培养；关注大多普通学生的思想状况发展，往往忽略了那些需要特殊关注的学生，也就是说，在教育方法和内容上没有具体问题具体分析。现在很多高校已开设

---

① 杨木，梁勇. 加强高校理工科学生人文教育的思考[J]. 吉林省教育学院学报，2015（06）：15.

了大量的人文通识课，聘请了很多通识教育工作者，希望以此来加强学生的人文教育，试图对大学生个体统一进行理论方面的教育，用理论来指导当地学生的实践活动。但是这种教育方式忽略了教育的基本规律，教育的目的往往很难得到实现。此外，长期自然科学的学习和思维模式的养成使得理工科学生或多或少地轻视人文学科，对人文知识嗤之以鼻，认为它们是无用的，对自己人生发展并无显著影响，他们这种错误思想意识的存在导致思想政治理论课教师对其进行思想政治教育时产生了一定的障碍，教育的难度无形中加大。自然科学和人文科学无法做到"同向同行""同频共振"，自然就无法形成所谓的学科之间的"协同效应"。

三、科学精神与人文精神脱节的环境原因

教书环境对人文精神的破坏。中国的教书环境一直以来都是"以知识为中心"，这种环境和模式一方面保证了知识传播的直接性，但另一方面也使得知识或者以知识为载体的分数成为评判学生的唯一标准，实用性成为检验教育质量的单一指标。而在这一过程中，人文精神成了教育的附属品，变成可有可无的东西，因其对学生的成绩不能产生即刻的影响而受到忽视，人文精神的培养缺少适宜的环境土壤。学生在知识与价值之间权衡，教师同样在求真和求善中比较，倘若教育只是将知识填鸭式地灌输给个体，而不是教会人们如何运用知识，不是传达给人们道德感和责任感，那么这样的教育也就抹杀了教育的精髓。在当前我国整体的教育环境过于注重工具性和实用性的背景下，实际上高等教育在很大程度上也忽略了知识是为"人"而服务的这一思想原则，在教育

的过程中教育者往往只注重教育的外在目的,仅仅将受教育者视为社会运转所需要的零部件,机械地灌输给他们专业的知识和技能,而忽视了他们作为人所具备的思想、情感、需求和价值。总的来说,当今高校的人格教育,对高校学生个体全面素质提高,特别是健康人格的培养重视非常不够,高校学生素质教育在一定程度上还不能完全适应社会进步与发展的需求,也不适应就业市场竞争的需要,更不适应构建全面小康社会的要求。所有这些不适应有客观上的因素,比如市场经济条件下的社会思想多元化,高校学生思想意识状态和人格理念都发生了非常深刻的变化。无论在学习、生活、就业、人格健康状态等方面,高校学生面临着很多矛盾和困惑,还是在不同程度地存在着政治信仰缺失、理想信念缺失、价值取向缺失、诚信意识缺失、社会责任感缺失、努力奋发精神缺失、团结协作观念缺失、心理素质不好等各种人格缺失问题,给予正确的引导和培养是十分必要的。对教育而言,传授知识固然重要,因为知识的存在价值就在于能够使人通过习得它们获得自身的改变,变成既在某一领域具有专业知识又在精神层次具有高尚文化修养的人,变成既有自身的学术追求又有丰富的精神世界的人。教育家怀特海曾说过"知识的唯一用途,就是武装我们的现在,没有比轻视现在对年轻人的危害更大的了。现在包涵了一切,它既联系着过去,又包含着未来"[1],知识与人结合,既连接过去,又指导未来,它的目的只有一个,就是以人为中心,为了人的"可能生活"[2]。但是,教育应该还有更重要的意义,即获得智慧,达到育人的目标,育人是使人成为人,是培养全面发展的人,是塑造有理想信念、过硬本领和高尚情操的人。

---

[1] 怀特海. 教育的目的 [M]. 徐汝舟, 译. 北京: 北京师范大学出版社, 2017: 4.
[2] 由学者赵汀阳提出,意为一种人类行动能力所能够实现的创造性生活,这种生活必然同时是道德的生活。

育人环境对科学精神的破坏。众所周知，人才的培养与成长是一个渐进的复杂过程，在这个过程中，学生不仅要吸纳科学文化知识，还要不断地接受社会思想、伦理和道德方面的熏陶，提升自己的思想境界、完善自身的人格，而这个过程既需要学生自身的努力，又需要教师在育人过程中积极引导，还需要良好的社会环境对学生思想、行为的熏染。然而，当下的现实情形却是育人环境在某种程度上阻碍了科学精神的发扬，一方面，受实用主义思潮、功利主义价值取向的影响，学校对人才的培育过分倚重于成绩、分数，强调学术利益而非学术精神，一味地督促学生出成果，却忽视了成果的真正价值。在教育目标上强调短时期内对学生有显著影响的要素，而对学生科学精神的培养关注甚少。"有用"成为检验一切的标准，而对那些对学生影响深远却不能通过短期教育就能在学生身上发生显著变化的要素如科学精神的养成与发扬，伦理价值的内化与升华等"无用之用"不屑一顾。由于我国现阶段正处于转变经济和社会体制的改革之中，经济社会的发展和变化使人们思想观念发生了巨大的变化。尤其是当一部分地区和个人先富起来之后，对贫困地区的人们造成了巨大的心理冲击，不仅诱发了人们渴望在短期内发家致富的愿望，同时也助长了某些人金钱至上的思想，导致社会上产生了一种"拜金主义"的不良风气。于是传统的价值观念逐渐被抛弃，新的价值观念逐渐形成并被接受。在这样一个错综复杂的历史过程中，对社会了解不深、看问题办事情能力较弱的高校学生来说，肯定会产生不良的影响，使他们在思想上和行为上形成过于看重金钱、过于看重享受生活的偏差，从而导致人格上出现缺失。尤其是大学教育由精英教育转为大众教育的时代背景下，作为一种更加普遍意义上的教育方式，高等教育的培养模式缺乏差异性、倾向于统一化，培养的大学生没有显著的个性、缺乏探索的精神和追求真理的态度，而上述特征都不利于科学精神在个体身上扎根深化。另一方面，育人环境由课堂转移到包含课下在内的多种场所，在这种非正式的教学环境中，教师往往以一种更加亲切、随和的态度对学生进行教育，注重对学生心灵的塑造和精神的培养，这种人文关怀的形式也使得科学精神在育人环节难以渗透。顾明远教授在《中国教育路在何方》一文中指出，对于当前教育存在的弊病，教育本身也有责任，因此，改善当前我国育人的大环境，从教师入手，确保科学精神与人文精神的培养同频共振、同向同行，是塑造良好的教书育人环境的唯一方式。

第二节 言传身教中"知识传授"与"行为示范"的脱节

一、知识传授与行为示范脱节的主观原因

言传过程中重知识传授而轻行为示范。教师言传的过程本身就是一个教育者通过自身言语传达教育思想的过程，在这个过程中，语言是师生之间沟通和联系的桥梁，通过语言，教师传达自身的技能，实现知识的代际传递并激发学生紧跟社会的发展步伐进行知识的创造与更新；也是通过语言，学生理解和掌握教师传授的内容，了解学科发展的动态，在老师的激励下发挥自己的潜能，与未知的真理世界碰撞出新的火花。语言不仅是专业知识传递的工具，还是思想观念、行为规范和伦理道德

传递的重要途径，通过把上述内容教授给学生，引导其形成符合社会发展要求的行为品质，成为能够担当历史重任的时代新人。总之，言传已经成为社会普遍认可的教育方式，对于思想政治理论课教师来说，更是注重此过程的作用，因为理论灌输向来是思想政治教育的主要方法，马克思主义理论知识、党探索中国特色社会主义的伟大实践以及社会发展所需要的思想道德修养必须经过思想政治理论课教师的言语实现内容的传递，言传早已成为不可或缺的教育步骤。尽管现在我们强调思想政治教育方法创新，改变传统思想政治教育中"你讲我听""你打我通"的教育方式，但是思想政治工作从根本上说是做人的工作，对人进行教育，语言是最直接的方式。而这也恰恰造成了言传过程中重知识的传授而轻行为示范，言传在教育的过程中固然发挥着重要的作用，但在信息传递过程中言语是具有一定局限性的，教师单向地将知识和思想传递给学生，学生并非能够将全部的知识进行消化和吸收并内化为自己的学识和思想品质，倘若教师尤其是思想政治理论课教师一味地突出言传的教育方式而不充分利用和发挥身教等其他方式对学生行为的教育和影响，那么，思想政治教育是难以取得最终实效性的。

　　身教环节中重行为示范而轻知识传授。鉴于言语在传递信息过程中的局限性，必须重视教师的行为方式对学生的影响，因此身教环节也是教育尤其是思想政治教育的关键环节。"行为方式可以被教师加工后再进行掩饰，但真正要像言语表达一样被掩饰或修饰的完美则很困难，而且也很难持久，不易形成长期稳定的行为模式"①，言语可以通过刻意的修饰以另一种面貌出现，但是一个人日常的行为表现却很难通过时时地掩饰来遮盖自己的不足。行为方式对学生的影响是潜移默化的，它的

---

① 樊昕. 关于高校教师言传身教现实意义的研究. 教育教学论坛［J］. 2016（33）：41.

效果可能在短时期内不易被发觉,但是从教育的长远意义来看,身教的价值却在于影响学生形成符合社会规范的道德品质和行为方式。大学生在世界观、人生观、价值观形成的关键时期,他们对于教师的言语和行为具有一种由崇拜而来的天然的模仿性,"教师的言行往往成为学生谈论的中心、模仿的对象,其影响力不可低估"①,因此思想政治理论课教师要想做好"吐辞为经、举足为法"为人师表的典范,要想做好学生健康成长的指导者和引路人的角色就必须率先垂范,以自己高尚的言行对学生进行"润物细无声"的影响。习近平强调,"教师的职业特性决定了教师必须是道德高尚的人群。合格的教师首先应该是道德上的合格者,好老师首先应该是以德施教、以德立身的楷模。"② 但也正是身教的上述特征,使得它由于其实践特性使教师不能以一种正式、严谨的方式进行,这也是造成身教环节重行为示范而轻知识传授的原因之一。

二、知识传授与行为示范脱节的客观原因

"知行合一"的道德学难题。思想政治教育的终极目标是使受教育者达到"知行合一"的境界,这一境界的实现是一个从道德规范到道德行为的动态过程,要使这个过程顺利完成,不仅需要对以往教育的方式加以改造,还要营造一种适宜的社会环境。理论的正确性加上实践的彻底性是解决"知行合一"道德学难题的重要方式,教育确实不能将知行分离,因为这样将会导致知行相悖的问题出现,然而在思想政治理论课教师开展道德教育的过程中,倡导知与行全然合二为一的方式从某

---

① 康中华. 浅谈高校教师的言传身教[J]. 中华科技信息,2006(05):250.
② 习近平. 做党和人民满意的四有好老师[N]. 人民日报,2014:2014-09-10.

种程度上来说模糊了教育的目标,从道德学原理上看,二者合一使人无法判断行为的动机,因此为避免知识和行为之间趋同的"盲区",顺利实现从道德规范到主体德性的演变,需要正确看待知与行之间的关系。"人的思想品德的形成过程实际上是在一定外界环境条件的影响下人们内在的知、情、信、意、行诸要素辩证运动、均衡发展的过程"①,道德规范首先需要经过主体的理性认知,只有在习得的基础上充分认知,才能真正地接受;在认知基础上才能继而步入认同阶段,人的行为除了具有理性的一面外还具有受到情感支配的一面,因此单纯的认知并不能保证主体真正接受规范,只有理智上的被认知与情感上的被认同才是道德规范内化为主体德性的重要条件。然而,从德性到德行的过渡比第一个过程复杂得多,"德性是潜在的德行,德行是实现了的德性"②,在这一过程中,学生自身能否树立实现道德行为的意志和决心是决定其最终道德行为的关键。有学者将上述两个环节概括为认识的两次飞跃,从社会意识到个人道德信念为第一次飞跃,从个人道德信念转化为人的道德行为为第二次飞跃,而且思想政治教育的关键就在于第二次飞跃,这样将知与行的环节进行合理区分,既遵从教育规律的指导又尊重学生自身发展的规律,是破解"知行合一"道德学难题的正确方式。

"知识传授"与"行为示范"间的非对应关系。道德教育是作为思想政治教育重要组成部分而存在的,然而"道德教育的内容是信念,但不一定是知识。从理论上来说,如果道德规范能够做到客观的合规律性与主观的和目的性的统一,那么,这种教育是容易进行、也容易奏效的。然而,很多道德规范本身并不具备这个特点,而且,有的道德规范

---

① 陈万柏,张耀灿. 思想政治教育学原理 [M]. 北京:高等教育出版社,2007:97.
② 李恒川,王军. 知行合一的道德教育及其困境 [J]. 齐鲁学刊,2012(04):75.

虽然具备这个特点，但在很多时候表现得并不明显。"① 有些知识传授是确实需要教师实际行为配合的，例如思想政治理论课所传授的内容，一旦缺少教师为人师表、身体力行、以身示范，它的效果就会大打折扣，教师若是不能通过自身行为为学生树立榜样、用道德力量感染学生，那么它所培养的大学生就不能成为德才兼备、全面发展的"人"，充其量只是具有某类专业知识的"某种人"；但是，有些知识却是不需要教师的行动感染便可直接传递给学生的，例如某些自然科学知识，教师只需将该学科的知识内容与结构、学科发展的总趋势和新方向以及利用学科造福社会需要掌握的科学伦理传授给学生即可，而这些都是可以通过言传实现的。此外，教师有的行为和知识传授有关，例如教师以德立身、言行一致，这些内容是必须要与一直以来知识所教导的内容协调一致的；但有的行为却和知识传授之间并无直接关联，例如某些具体的个人习惯倘若既无伤大雅又不会造成对学生的不良影响，那么自然没有禁止的必要。因此，"知识传授"与"行为示范"之间并不是一一对应的关系，它们只是在某些特殊学科、关键领域中具备必要的对应条件，错误地认识二者之间的关系，强行将二者进行叠加与糅合将会适得其反，势必造成实际教育过程中二者之间的错位与脱节。

三、知识传授与行为示范脱节的环境原因

实用主义知识环境对知识传授的蒙蔽。实用主义是由美国发起和传播的一种哲学流派，它主张有用是一切事物的真理，主张效用至上、反对一切形式的集体主义和权威主义，认为个人是社会存在的目的。作为

---

① 李恒川，王军. 知行合一的道德教育及其困境［J］. 齐鲁学刊，2012（04）：76.

一种价值哲学，实用主义认为实用和有效是区分思想和事物有没有价值的标准，具有功利性、利己性、片面性等特征。受到实用主义思潮的影响，我国的教育领域也出现了一系列以"实用"作为检验教育内容和教学质量的趋向，甚至教师教学的大环境也逐步显现出以"有用"作为判断知识价值的指标的不良趋势，导致教师在进行知识传授时，盲目追求升学率，有选择性地讲授与考试内容相关度高的知识，而对那些在考试题目中并不经常出现，不属于课程教学重点的知识往往直接忽视，教师这种不负责任的表现导致大学生接受的知识是不全面的，很多专业的学生对其自身学科领域的知识掌握的只是一些皮毛，是非此类专业的大学生都通晓的"常识性"知识。这样一来，学生学得不够深入，连最起码的基础都没有打牢固，更谈不上激发自身求真、探索和追问的科学精神。对于思想政治理论课来说，"在许多高校中，出现了只重视特色专业教育和科研成果，轻视或忽略思想政治教育工作的现象，这对大学生思想政治素质的培养和提高是极其不利的"①。部分大学生也受到该思潮的影响出现自我意识膨胀、集体观念淡薄等问题，在学习时也是只挑有用的知识学，对于课本上那些看似不是重点的内容、学科发展的前沿内容以及非专业领域的选修内容不屑一顾，认为它们并不能使自己的分数提升，因此将其视为无用的东西。实用主义思潮影响到教育领域，通过对教师价值观的冲击，动摇着教师的职业道德，造成我国知识传授的环境呈现出一种急功近利的氛围。但是，实用主义并非只有消极堕落的一面，在实用主义思潮影响下出现的一些学术态度如求真务实、讲求效率等是值得提倡的，我们应当辩证地看待，不能一概而论。当前

---

① 胡建. 实用主义思潮对大学生思想政治教育的影响及对策 [J]. 传承，2016（07）：110.

我国处在历史转型的关键时期,需要每一位社会成员保持清醒的头脑以应对不时出现的各种社会思潮的影响,对于它们的积极影响要为我所用,而对它们的消极影响应坚决抵制。

功利主义行为环境对行为示范的破坏。功利主义主张最大限度地追求个人的利益,着眼于眼前而忽视长远利益,它导致社会当中"效用至上""物质支配"等法则盛行。近年来,功利主义的价值取向渗透到社会的各个环节,作为国民发展的关键领域教育领域也未能幸免,然而,"当教育领域里的功利主义也日渐扩张时,人便被工具化或手段化了"①。教师道德一直以来是特定时代中社会主流价值观的反映,他们代表着道德、责任与正义,被称为"人类灵魂的工程师"。然而当功利主义的不良影响扩散到教师群体,它对市场经济条件下教师道德实践的影响,正逐渐地显现出来。在功利主义的导向下,部分教师的意志开始动摇,他们不再强调事业心和责任心,而是将教学和科研视为获取经济的手段,职业道德大为减弱。就教学而言,部分教师对自己分内的工作敷衍了事、三心二意,下课即走,内心全然没有对教育的敬畏和对学生的关怀。教学工作属于教师日常的基本工作,难以带来显赫的名声和丰厚的报酬,也难以具有合功利性的目的,因此教学工作受到部分教师的轻视,教学质量难以保证,更谈不上以身示范,对学生进行行为指导。就科研而言,部分教师的学术研究早已脱离了追求真理的本质,而是全然以利益为导向,教师进行学术研究的目的不再是为了接近真理,更不能为学生树立一个追求科学精神的榜样和模范,反而对学生的科研之路产生了一些不利的影响。"当教师道德被抹上太多功利主义色彩时,教

---

① 张宏喜,徐士强. 教育:跨越功利主义,复归人性关怀[J]. 当代教育论坛,2003(03):42.

师道德将会陷入一种扭曲和尴尬的境地。不仅实践中是这样，在理论上，功利主义的教师道德观同样难以自成逻辑。如果教师自觉履行教师道德的行为都是受经济利益驱动，那么，用以证明教师道德的逻辑前提，同样可以合理地推出放弃教师职业道德的结论。"① 行为示范作为教师职责，需要教师以一种负责的心态来保持和维护，也需要在一种超功利的"善"的指导下，进行发扬。"教师的这种'真正的人格'恰是孕育内在生命的温度、涵养外在品行的养分，是源于生命自身价值的外延和渗透，是'我在'之于'我'的精神世界的意义彰显。"②

第三节 学以致用中"工具理性"与"价值理性"的脱节

一、工具理性与价值理性脱节的主观原因

潜心问道中重价值理性而轻工具理性。潜心问道解决的是思想政治理论课教师"真学"的问题，它本质上是教师不断提升自己的专业技能、探索科学精神和接近真理的过程。教师只有坚持潜心问道，时刻保持一种"本领恐慌"，使自身具有丰富的知识储备和深厚的理论功底，才能明道和信道，进而才能向学生传道。尤其是思想政治理论课教师，他们所教授的马克思主义理论是一门宏大精深的科学，教师必须要具备

---

① 高晓清.市场经济条件下教师道德的维度［J］.教师教育研究，2006（03）：62.
② 毕吉利，周福盛."无私奉献"还是"'有利可图'"？——教师道德的功利性释读［J］.教育评论，2017（11）：12.

完备的知识体系、深厚的专业水平、深邃的思考能力和精湛的授课艺术才能驾驭得了这门学科的教学工作并带给学生实际的改变，否则，教授的内容只能浮于表面。"理论本身的魅力永远蕴含于理论本身，那是用坚实的理论基础触碰到了理论内核后迸发出的理论光辉"①，潜心问道中教师所追求的是一种价值理性，是对理论本身魅力的深入探索和对真理的不懈追求。在这一过程中，教师重视价值理性是理所当然的，而且只有重视研究理论本身的价值，才能最大限度地发掘理论的精髓。但是，"'板凳需坐十年冷''独守千秋纸上尘''砥志研思'固然是当今浮躁社会中一种十分难得的境界，然而若因潜心问道而脱离社会，在脱离实际的情况下追求'纯真学术'，则与教师的实干精神和用世的初衷相背离"②，也就是说，潜心问道过程中重视价值理性固然应当，但若轻视工具理性，全然不顾社会需要一味固执钻研，则是教师缺乏社会责任的表现。"孤洁文人怀才不遇的社会体制早已废除，优秀的高校教师应该摒弃独善其身的消极思想，以上率下，带头追求社会价值，寻求社会认同。"③

关注社会中重工具理性而轻价值理性。关注社会一方面是指教师开展科学研究的同时不能忽视对社会发展状况的关注，不能怠慢自己日常的教学工作；另一方面它还意味着教师进行科学研究的课题要以社会的需要为前提，以解决社会问题为切入点，不能盲目地进行一些形而上的、对改造社会无意义的内容的研究。关注社会提出的目的是为了使高

---

① 武卉昕. 建立起潜心问道与关注社会相统一的话语场 [J]. 红旗文稿, 2017 (12): 27.
② 吴莎. "四个统一"视域下高校师德建设现状与对策研究 [J]. 德育研究, 2018 (07): 19.
③ 肖志勇. 新时期高校青年教师师德建设研究 [D]. 长沙: 湖南农业大学, 2013: 39.

校教师尤其是思想政治理论课教师不应不问世事、沉迷于理论研究而忽视学生学习和社会发展对教师提出的要求，而应关注社会重大问题、直面敏感问题、跟踪学科热点问题，并把这些问题融入课堂，丰富学生的见识，扩展他们的知识深度。教师深入研究理论的目的最终还是为了使理论为社会所用，能够产生改造社会的力量，马克思也曾说"理论一经掌握群众，就会变成改造社会的巨大物质力量"，也说明了理论的创造和更新对社会发展、延续的重大意义。因此在潜心问道的基础上关注社会、为社会培养具有责任感和能担重任的人是对高校教师的更高级的要求，因为关注社会从本质上来说是促使教师实现个人价值与社会价值的统一，既完成自身的学术追求，又实现社会对其提出的要求。总而言之，关注社会的环节本身就是与实践结合、通过实践的方式验证真理，实现理论和实践的具体的、历史的统一，这一环节重视工具理性的价值，强调学术研究面向现实的社会意义。但是，我们也不能忽视这一环节中可能存在的轻价值理性的问题，倘若学者一味地接触社会而不重视对理论的深入探究，不能够将二者有机地融合并提出能够解决社会问题的有效见解，那么价值理性在这一环节中就不能得到有效的发挥。

二、工具理性与价值理性脱节的客观原因

潜心问道中"价值理性"对"工具理性"的遮蔽。"一定意义上说，价值理性思想政治教育的'出场'是顺应时代的要求，为了克服工具理性思想政治教育的'独断'而出现的，是思想政治教育自身的

反思和批判，也是思想政治教育客观发展的结果。"① 潜心问道作为一个相对静态的环节，是高校教师进行学术探究的根本方式，也是他们追求真理的重要过程。高校教师肩负着一定的社会责任，为了理论指导实践、改造社会而专心学术，为了培养全面发展的人才而兢兢业业，在追求价值目标和意义世界的道路上步履坚定。但也是在这个过程中，价值理性在某种程度上遮蔽了工具理性的事实是客观存在的，教师将全部的精力都用于纯学术的钻研和探究，达到"两耳不闻窗外事"的境界，这在当前社会中是既不现实又不提倡的，因为一方面上述做法忽视了社会的急速发展对理论更新的需求，另一方面也难以承担起教导学生的根本职责。高校教师固然拥有教师和学者的双重身份，但是倘若教师的职责都无法做好，又如何担负起学者的美誉？对高校思想政治理论课教师来说，他们所讲授的是宏大而精深的马克思主义理论知识，他们所探究的是决定人类社会发展进行的理论，马克思主义深刻的科学内涵、完善的精神实质和丰富的实践要求无一不体现着它精彩的理论魅力，他们从思想深处认同、信仰马克思主义。而马克思主义作为我国意识形态的指导思想是形而上的，因此思想政治理论课教师研究这一理论也会不自觉地进入过度追求价值理性，被博大精深的马克思主义思想折服的境界，这种境界固然是好，但若是因此而忽略了对学生成长规律和社会发展需求的关注，就适得其反了。此外，"价值理性在驱使行动者为了理想和信念而不计行动后果与工具理性大相径庭"②，科学研究不能不计后果，需要时刻秉持一种理性的心态，既发挥学术探究的价值理性，又发扬关

---

① 魏永强，郑大俊. 工具理性和价值理性思想政治教育分析［J］. 求实，2014（09）：82.
② 张淑芳. 高等教育中工具理性和价值理性整合的必要性［J］. 理论月刊，2008（06）：78.

注社会的工具理性，使二者协同发力。

  关注社会中"工具理性"对"价值理性"的破坏。这一点主要表现在三个方面：一是教育理念偏移，具体而言就是在思想政治教育的过程中，个别教师单纯强调思想政治教育的阶级性、政治性和社会性，强调其为现实的政治服务的一面，而忽视了以人为本的教育理念，人是思想政治教育的主体和目的，而非教育的客体和被改造的对象，促进人的全面发展的目标的提出，就是为了改造这种传统的教育方式，破除影响思想政治教育实现"全程育人"的因素。二是教育价值偏颇，高校思想政治教育具有个体价值和社会价值双重价值，但二者作为高校学生思想政治教育价值的两个方面，却存在着内在本质上的统一性。而在现实的教育实践当中，个别教育者却将个体价值和社会价值人为地对立起来，片面地强调某一方面而全然忽视另一方面，导致二者之间发生矛盾和冲突。有的思想政治理论课教师只重视思想政治教育在促进社会发展、维护社会稳定方面的显性社会价值，重视为社会服务的工具理性，忽视甚至无视思想政治教育在促进个体发展方面的隐性价值，这也是工具理性对价值理性破坏的表现形式。三是工具理性的僭越，"工具理性的僭越是指工具理性过分张扬而导致对价值理性的侵犯和遮蔽，表现为工具理性的越位"①，它的具体表现是思想政治教育的重点停留在手段和形式上，使得内容和目标虚无化。综上所述，工具理性对价值理性的破坏使得思想政治教育的内容和目标在一定程度上流于空谈，违背了思想政治理论课设立的初衷。

---

  ① 刘珂珂，王彩云. 高校学生思想政治教育的困境与出路——基于工具理性与价值理性的分析框架［J］. 高校教育管理，2012（09）：89.

三、工具理性与价值理性脱节的环境原因

市场经济条件下工具理性的泛滥。市场经济注重效益，鼓励人们追求个人利益，通过劳动实现个人价值，这一方面给个体的发展提供了广阔的成长空间，但另一方面，也导致盲目追求个人利益、一味追求效益最大化等错误观点的出现，工具理性就是市场经济越发成熟的条件下涌现出来的观点之一，它是指主体衡量各种手段和方式，力图通过最小的代价达到最大的目的，并且为达目的的誓不罢休。工具理性的影响伴随着快速发展的经济环境逐步渗透至社会生活的各个领域，甚至教育领域也不例外。"在工具理性的支配下，教育出现一种知性取向，完整的教育演变为技术教育，价值教育处于被压制和边缘化的地位"[①]，工具理性对价值理性的压制导致在现实的教育实践当中，"以人为本""教育回归生活世界"的基调和原则一次次地被忽视甚至贬抑，反而代之以"效用至上""教育外在化"的观念。"在人类社会实践中工具理性与价值理性原本互相协调统一，工具理性作为价值理性的现实来源，价值理性给予精神理性以精神动力。但随着现代性的进一步发展，工具理性与价值理性发生了隔离，反映到教育实践中，则是工具理性教育的越位和价值理性教育的失落"[②]，教育的目标和方向发生畸形，原本立德树人、为社会培养全面发展的人的目标逐渐转变为促使科技进步和追求社会效益的最大化，而在这一过程中，受教育者的情感诉求、伦理道德、价值关怀和精神世界屡被忽视，这实质上就是教育领域工具理性对价值理性

---

① 张应强. 现代化、价值教育与大学使命 [J]. 有色金属高教研究，2000（05）：24.
② 潘斌. 论教育回归生活世界 [J]. 高等教育研究，2006（05）：9.

的入侵。对于思想政治教育来说，工具理性泛滥导致的问题包括以下两个方面：一是思想政治教育流于形式，部分教师将思想政治教育"生命线"的地位停留于口头化，而在实际开展思想政治教育活动时却并未从心底认同其关键地位，甚至将其置于其他所谓更有用的工作之后，说起来重要、做起来次要成为部分教师对待思想政治教育态度的真实写照；二是思想政治教育的合力缺失，习近平在全国高校思想政治工作会议上的讲话中要求，"其他各门课都要守好一段渠，种好责任田，使各类课程与思想政治理论课同向同行，形成协同效益"①，但在实际教育当中，思想政治教育的合力尚未形成，仍有很多主体在思想政治教育当中处于缺位状态。

　　精神迷失背景下价值理性的空场。价值理性对于教育的意义原本在于引导人们重返生活世界，关注自己的精神家园，重新确立起神圣和至善的目标，把达到自由个性和实现人的全面发展作为教育的终极目的，但在市场经济催生出许多不良思潮和不当观念的影响下，很多人在利益的驱使下出现精神迷失，一味地追求物质利益、沉迷于金钱的诱惑，完全无视自己精神世界的充实与完善，甚至出现行为越轨、道德失范、触犯法律等社会问题，价值理性作为一种不必要的要素在人的精神世界出现空场，导致社会范围内出现价值理性失落的现象。对于高等教育而言，在教育的终极价值空场，多元价值盛行的大背景下，对于教育终极意义和崇高信仰的永恒价值被切断的事实面前，所谓教育理想便会出现一种"无根的漂泊状态"②。换言之，我国高等教育的目标和理想处在工具理性取代价值理性、多元价值取代终极价值的时代，而缺失终极价

---

① 习近平. 在全国高校思想政治工作会议上的讲话［N］. 人民日报，2016-12-09.
② 袁琳波，毕云天等. 我国高等教育改革的发展方向——工具理性与价值理性的整合［J］. 检验医学教育，2012（04）：1.

值统领的多元价值的混乱势必会造成教育的无根化。事实上当人们在实践中靠工具理性实现了人的本质力量对象化之后,才会反思自身实践的过程,在自我意识的更深层面领悟人生的价值,因此我们不必全然否定工具理性存在的意义,它在带来一些负面效应的同时,也为价值理性的实现提供某种支撑,只要它以一种合理的方式存在,就不会对价值、精神、意义世界造成威胁。那些价值理性全然缺失荡然无存的人并不是因为其思想深处有工具理性存在,而是因为工具理性占据了他们头脑中的主导地位,才导致了工具理性出现膨胀、越位的现象。

第四节 学术研究中"学术理想"与"学术规范"的脱节

一、学术理想与学术规范脱节的主观原因

学术研究中重学术理想而轻学术规范。高校教师具有教师与学者的双重身份,作为教师他们言传身教、铸魂育人、立德树人;作为学者他们专心学术、醉心科研。当前我国高校教师群体的学历多为博士研究生,这一方面保证了高等教育教育者的质量,确保作为高校教师具备教学所需要的扎实学识,有胜任教学的专业知识和广博的知识储备;另一方面,正是由于他们对学术有着深刻追求,对科研有探索的态度,才愿意并能够继续深造至博士学位,这就致使许多高校教师对学术有着深厚的兴趣,学术理想在他们多年的职业生涯中早已扎根发芽。"学术源于

人的思维和求知本性，追求真理、探寻奥秘是人内生、自发的强劲动力，它内在的要求避免干预、减少限制，基于事物本来面目和人的认识能力，自由、自主、自觉地进行"①，在一定学术理想的指导下，教师就更加强化了自己在认识和思维领域的主体性地位，能够按照自己的方式在学术理想的指导下，充分发挥自由的权利，从不同角度、运用不同方法去探究隐藏于事物表面之后的规律，使个体的智慧得到充分地发挥、个体的求知本性得到充分地展现、个体的学术理想得到真正地实现。但是，如果说高校教师重学术理想是作为一种对学术的冲动，是一种求知的本能，那么个别教师由于过分注重学术理想而忽视了对学术规范的遵守就是一种无意识的丢弃，它在一定程度上违背了学术研究的初衷。任何对教师学术理想的压制、干预和侵犯都是为人的求知欲戴上了"紧箍咒"，限制了他们对未知世界的探究。

学术研究中重学术规范而轻学术理想。学术规范是保障人人享有正当学术自由的准则，它通过明确开展学术活动的具体规则，对学术行为进行约束，促进学术活动的良性运行。有学者将学术规范对于学术活动的意义归纳为三个方面，分别是"内容层面的规范提供学术研究本身的意义、价值层面的规范提供学术研究的社会意义、技术操作层面的规范使上述两方面的规范得以实现"②，可见学术规范对学术活动的重要作用。学术研究固然要重视对学术规范的遵守，只有这样才能保证自己享有真正的学术自由，实现自身的学术理想，但是，倘若一味地追求学术规范而忽视了学术研究内容，使得学术研究空洞无物、缺乏真正的科学价值，那么这样的科研成果是徒劳无功的，不会获得学界和社会真正

---

① 刘亚敏. 论学术自由的人本价值［J］. 教育研究，2014（02）：50.
② 高晓清，顾明远. 学术自由与学术规范对我国切实性问题的思考［J］. 高等教育研究，2004（03）：6.

的认可。当前学术界就有个别这样的教师，他们对科研的态度不甚热情，却将学术规范奉为圭臬，这样即便是拿出学术成果也没有实质性价值。这些人没有实事求是、求真务实的精神，只一味膨胀性地、泛滥性地表达他们的"学术思想"，发表"学术论文"、进行"学术演讲"，全然不顾学术探究本身的魅力和学术研究对社会发展的意义，破坏了学术界崇高的学术氛围。

二、学术理想与学术规范脱节的客观原因

学术理想对学术政治规范的破坏。不论是自然社会科学还是人文社会科学，都要注重学术规范，尤其是学术的政治规范，学术政治规范包含话语规范、选题规范两个方面，所谓话语规范是指科学研究应遵循基本的学术概念、范畴和术语，要掌握一定的话语体系，始终明确马克思主义对我国意识形态的领导权。所谓选题规范是指科学研究应选择符合时代发展要求的问题进行研究，马克思也曾说"问题是时代的口号"，因此科研选题应以社会重大问题为主攻方向，致力于解决阻碍社会进步的难题。任何学术研究都有一个终极价值的指导，这个终极价值以意识形态为核心，以人的全面发展为原则，以改造社会为指导，以学术自由的限度为边界。倘若科学研究背离了上述标准，那么它就不是对国家有益、对社会有实质帮助的研究，从而也就失去了内在的价值。强调学术研究的政治规范的目的价值就在此，因为科学无国界，但科学家有祖国，一旦我们研究的高端、前沿的学术成果被国外势力所窃取，那么对国家的发展进步是极为不利的，甚至会造成极大的灾难。高校教师有自己的学术理想，致力于通过学术实现自我价值、达到改造社会的目标固

然正确，但是他们内在要对自我树立一条准则时刻提醒自己，始终以严谨求实的态度开展学术研究，时刻保持对知识的敬畏和对国家和社会的责任，不得超越科研的边界，更不能以自己的学术理想为由公然破坏学术政治规范。

学术理想对学术道德规范的破坏。坚持学术理想无可厚非，但若是只顾个人的学术理想，无视学术研究的规则，缺乏基本的学术责任、学术诚信和学术行为规范，一味地以发展自己的"理想"为借口，发表低水平雷同化的学术论文，加重学术泡沫现象，污染当前的学术氛围，就是对自己职业角色的失责。"当学术研究不再局限于满足研究者个人的喜好、兴趣，而是可能会对社会的发展产生深刻影响时，研究者就必须以对社会负责的态度诚实地进行学术研究"①，如果说学术理想更多的是关注研究者自己的兴趣、爱好和需要，那么学术责任则强调的是使学术活动必须考虑社会的要求，即考虑社会赋予学者的使命和义务。此外，当前高校对教师的要求，以科研作为考查教师能力的重要指标，往往在规定的时间内要求学者发表一定数量的学术论文，但是教师尤其是思想政治理论课教师日常教学工作繁重，不但承担着自己学院专业知识的教授工作，还承担着学校其他学院公共课程的教学任务，实际上并无太多个人时间可以静下心来研究一项课题、做出高质量的论文，更不用说在学校严苛的时间条件的限制下，于是就导致部分教师竭泽而渔、弄虚作假、最终造成学术失范频频发生，这一方面是教师的科研水平有限，无法合理地安排教学和科研工作的双重压力，但另一方面，高校甚至社会对高校教师的科研能力要求过于苛刻导致他们无计可施，"病急

---

① 李晓燕. 学术自由、学术规范与学术秩序治理［J］. 陕西师范大学学报（哲学社会科学版），2010（06）：19.

乱投医",最终,学术理想在现实压力面前不得不放弃,学术道德规范也早已成为教师无暇顾及的事情。

三、学术理想与学术规范脱节的环境原因

不良学术氛围对学术理想的破坏。目前,高校部分教师进行学术研究的目的不是为了探求真理,而是抱着一种"为了利益而学术"的态度,把学术研究当成攫取个人利益、获取个人声望的手段,在这样错误思想的指导下,学术研究就会急功近利、只顾数量不顾质量,甚至为了达到目的,欺上瞒下、弄虚作假、道德沦丧,全然忘记了自己当初选择学术道路的初心。学术失范的现象在学术界屡屡发生,表现最严重的问题主要有抄袭剽窃、弄虚作假、重复发表、引用不规范等,学术失范对学术发展的危害是极其严重的,一方面它会造成学术成果不断地重复,难以取得实质性的进展,致使学术创新停滞不前,给我国的学术发展带来极大的危害;另一方面,它还会导致学者的学术道德失范、诚信缺失、人格异化,不但对学者个体的成长发展不利,甚至会影响整个学术界的名声。而学术失范的现象一旦发生,学者也就自己破坏了自身的学术理想,一个连最起码的学术规范都不能遵守的人,我们又如何期待他能够创造出更多优质的成果,用学术创新和学术研究担负起服务社会的责任?也就更谈不上他们对高等教育事业作出应有的贡献,通过传道、授业、解惑完成教书育人的使命,培养学生的科学精神。高校教师都不能为人师表、以身示范,而行抄袭、剽窃之事,势必会将这些不正之风传递给学生从而影响到学生的学术道德,科学精神就在这不良学术氛围的影响下消失殆尽,教师的学术理想只能在熏染和传递这些不良学术氛

围中破灭。

不当社会风气对学术规范的破坏。受到金钱至上、功利主义、诚信缺失等不当社会风气的影响，我国学术界粗制滥造、弄虚作假等恶劣现象大有愈演愈烈之势，滋生出许多学术造假、学术不端的现象。社会风气对高校教师的影响是十分巨大的，这种风气会造成一种高压态势，使教师不愿也不敢从事学术不端的行为，更不敢公然破坏学术规范、纵容学术失范蔓延。众所周知，学术研究具有客观性和非功利性，但当前我国职称评定、职务认定、学术地位和学术声望的评价体系都与论文成果挂钩，在这样的环境之下，加上个别意志力不坚定的教师受到不良学术氛围、不当社会风气的影响，屡屡怀着侥幸的心理"以身试法"，殊不知，这样的行为正在逐渐消耗着社会对教师和学者的信任，破坏学术规范的行为就是教师亲手毁灭自己的学术前途。"市场经济使一些人把一切都同自身利益挂起钩来，学术研究也是如此"①，然而，纯洁的学术环境一旦受到不良社会风气的污染，便在搅浑了"一摊水"的同时使得教师不再致力于丰富自己的"一潭水"，连同教学环境在内的整个大环境也将受到重创。"大学是一个以追求真理、探求知识为唯一要务的学术场所。育人是大学的本真，大学的职能与功能可以发展，但大学的本质与本真不可改变。求真、求善、求美是大学教育和学术研究的根本宗旨。学术研究活动既要合社会发展之'理'——规律、条理、准则，更要合人之'理'——价值、需要、目的，是合规律性、合目的性与合规范性的统一，也是真理性与价值性的统一。"②

---

① 李爱君. 高校学术失范的成因与对策 [J]. 中国高等教育, 2009 (17): 47.
② 程孝良, 向玉凡. 研究生学术失范成因与治理路径探微 [J]. 中国高教研究, 2011 (03): 31.

第六章

思想政治理论课教师实现"四个统一"的路径

问题是时代的口号,提出问题的目的就是为了最终解决问题,消除时代发展的障碍。探讨"四个统一"师德观实现的路径,是推动高校政治理论课实效性的发挥、提升高等教育质量的必然选择。本书在全面分析影响"四个统一"师德观实现的掣肘因素的基础之上,从推动新时代"四个统一"的思想政治教育观念变革、加强思想政治理论课教师实现"四个统一"的意识自觉、完善思想政治理论课践行"四个统一"师德观的教育体系以及培育思想政治理论课实现"四个统一"的教育生态环境等措施入手,力求全方位、多层次、纵深化地解决"四个统一"师德观实现的掣肘因素,不断地更新思想政治理论课教师的观念与意识,不断地完善思想政治教育体系的建构与环境的优化,以服务于高校思想政治理论课教师素质的提升,服务于高等教育发展水平的提升、服务于国家意识形态建设的加强,甚至服务于国家核心竞争力的增强和中华民族伟大复兴中国梦的实现。

第一节 推动新时代"四个统一"的思想政治教育观念变革

一、明确新时代思想政治教育的新使命

自党的十九大报告宣布中国特色社会主义进入新时代以来，伴随着国际国内形势发生的深刻改变，我国的思想政治教育也面临着一系列崭新的变化，十九大报告中提出的新表述、新论断、新思想为新时代思想政治教育创新发展指明了方向。时代的进步强烈呼唤着新思维、新方法，因而思想政治教育的专业教师和学者需要以一个全新的视角来认识和理解思想政治教育的概念，掌握思想政治教育的地位和作用，明确新时代思想政治教育的新任务和新使命，实现思想政治教育的创新发展。观念变革首先需要确立目标，明确任务，坚定使命，因此明确新时达思想政治教育的新使命是推动思想政治教育观念变革的第一步。新时代思想政治教育的新使命概括起来有以下三个方面：

第一，宣传习近平新时代中国特色社会主义思想，推动新时代中国特色社会主义思想深入人心。习近平新时代中国特色社会主义思想的提出是十九大报告最突出的理论成果，是新时代党和国家各项工作的强大思想武器，随着这一思想被写入党章并载入宪法，它成为我们党必须长期坚持的指导思想。十九大报告明确提出要用新时代中国特色社会主义思想武装全党的要求，这既是对思想政治教育内容的拓展，也对新时代

思想政治教育提出了新的要求。"如何从总体上认识和理解习近平新时代中国特色社会主义思想的内涵、精神实质、核心要义和基本内容，如何理解习近平新时代中国特色社会主义思想同马列主义、毛泽东思想、邓小平理论、'三个代表'重要思想、科学发展观之间一脉相承、与时俱进的关系，就成为思想政治教育内容发展的最大增量，这些为思想政治教育内容提供了全新的角度和时代内涵。"① 作为思想政治理论课教师，应当义不容辞地将新时代中国特色社会主义思想的科学内涵、理论精髓、内在逻辑和精神实质灌输给学生，使其明确中国的前进道路和发展方向，形成符合时代发展要求的新思想，这是思想政治理论课的核心任务，也是思想政治教育的要式标准。

第二，开展社会主义核心价值观教育，培育和践行社会主义核心价值观。坚持社会主义核心价值体系是新时代中国特色社会主义基本方略的重要内容，"培育和弘扬社会主义核心价值观是凝魂聚力、强基固本的基础工程。"② 社会主义核心价值观是社会主义意识形态的本质体现，是我们走中国道路必须要长期坚持的一种价值理念，它同中国特色社会主义现代化建设事业相结合，同我国在当前的时代背景下谋求自身发展、实现中华民族伟大复兴的中国梦相适应，是推动国家和民族发展最持久、最深层的力量。只有努力开展具有重大影响的社会主义核心价值观教育，用来影响社会上各种的思想观念与社会思潮，才能在包容的基础上促进全社会共同的理想信念与道德规范，从而形成中华民族奋发向上的精神力量与团结和睦的精神纽带，明确社会主义价值观的建设方

---

① 余双好. 论新时代思想政治教育发展的新使命［J］. 思想教育研究，2018（05）：48.
② 骆郁廷，项敬尧. 论新时代思想政治教育创新发展的基本遵循［J］. 思想理论教育，2018（01）：8.

向。当前我国社会处于历史转型的关键时期，各种纷繁复杂的社会思潮冲击着人们的思想和行为，影响着人们的价值判断和价值选择。尤其是大学生正处在世界观、人生观、价值观形成的关键时期，他们的思想多变、价值观念不成熟，容易在各种不良思潮的影响下做出失当的行为，更容易受到不正之风的蛊惑做出错误的行为选择。而作为社会主义意识形态本质体现的社会主义核心价值观能够凭借其强大的理论魅力和深刻的精神实质有效引领社会思潮、凝聚社会力量，为大学生的思想观念的形成提供价值引领，在思想日趋多元化的今天，发挥其强大的统筹整合的导向功能，在大学生这一群体当中乃至整个社会范围内凝聚更大的社会共识。高校学生是全面建设小康社会的生力军，他们的健康成长不仅关系到全面小康社会的构建，同时关系到党和国家事业的兴衰成败、长治久安和永续发展。坚持以社会主义核心价值体系教育影响当代高校学生建立社会主义核心价值观，是当前高校的重要任务与历史使命，它对于面向世界、面向未来、面向现代化的社会主义合格建设者与可靠接班人具有重要的指导意义。同时，在高校大学生中大力弘扬社会主义核心价值观，不仅能够更深层次地影响在校大学生的思想认识和行为方式，而且可以提高思想政治教育的实效性。只有用社会主义核心价值观教育影响高校学生，才能提高其明辨是非的能力，才能正确区分马克思主义世界观和人生观以及价值观与各种非马克思主义错误的观点；才能帮助他们排除一定干扰、驱除多重杂念，坚定共产主义信仰，为建设有中国特色的社会主义事业作出自己的贡献。因此，社会主义核心价值观教育是新时代思想政治教育的关键使命。

第三，强化意识形态教育，巩固马克思主义在意识形态领域内的指导地位。新时代新形势下，我们面临着更加复杂的国际国内环境，加之自党的十八大我国将宣传思想工作摆在全局工作的重要位置以来，意识形态建设虽取得了一系列成就，但是仍然面临着一些问题，因此必须强化意识形态教育，不断巩固马克思主义在意识形态领域内的指导地位。马克思主义是我国立党立国的根本指导思想，是意识形态建设的核心，它的科学性和真理性在中国得到了充分检验，它的科学内涵、精神实质、实践要求和作用规律在中国特色社会主义实践中得到充分彰显，是博大精深、颠扑不破的真理。教育的最终目的是培养人，因此教育把现实的人作为出发点，满足被教育对象的内在需求，才可以使教育目的最终得以实现。坚持"四个统一"师德观，有利于深化马克思主义中的真理论和实践论、矛盾论和价值论与我国教育相结合，创造性运用了马克思主义理论，指导了我国思政课改革和创新。这回答了当代马克思主义理论关于教育方面的重大理论课题，也解决了长期困扰思政课教学方面的迫切问题。马克思主义理论教育在思想政治教育中具有基础性作用，习近平在2018年8月全国宣传思想工作会议上的讲话中指出，"建设具有强大凝聚力和引领力的社会主义意识形态，是全党特别是宣传思想战线必须担负起的一个战略任务，要做好做强马克思主义宣传教育工作"①，可见马克思主义宣传教育工作在思想政治工作当中居于何等关键的位置。作为我国大学"最鲜亮的底色"，马克思主义理论教育在思想政治教育当中处于不可或缺的地位，尤其是在新时代背景下，在国外敌对势力不断强化对中国的意识渗透，通过输出其价值观来颠覆中国的复杂形势下，思想政治教育更应当担负起它的重任，通过思想政治理论课教师强化意识形态教育、深化学生对马克思主义的认识、让学生深刻感悟马克思主义真理力量，完成新时代思想政治教育的新使命。

---

① 习近平. 在全国宣传思想工作会议上的讲话［N］. 人民日报，2018-08-23.

二、树立新时代思想政治教育"立德树人"的教育理念

党的十八大报告中明确提出"把立德树人作为教育的根本任务,培养德智体美全面发展的社会主义建设者和接班人",首次将"立德树人"确立为教育的根本任务;在 2016 年 12 月召开的全国高校思想政治工作会议上,习近平又强调"要坚持把立德树人作为中心环节,把思想政治工作贯穿教育教学全过程,实现全程育人、全方位育人"①,将立德树人确立为思想政治教育的中心环节;党的十九大报告中再一次重申"要全面贯彻党的教育方针,落实立德树人根本任务,发展素质教育,推进教育公平,培养德智体美全面发展的社会主义建设者和接班人";2018 年 9 月 10 日全国教育大会上,习近平再次提到"要深化教育体制改革,健全立德树人落实机制"②,"要把立德树人融入思想道德教育、文化知识教育、社会实践教育各环节"③,立德树人成为检验学校一切工作的根本标准,成为思想政治教育乃至整个教育领域的重要法则。立德即树立德性,树人即培养人才,德不能自发而生而需要"立",人不能自行成才而需要"树",立德以树人为旨归,树人以立德为前提,二者辩证统一,相辅相成。"在马克思的人学之中,他认为作为类本质的人的发展需要经过三种历时性的历史样态,即'人的依赖关系'形态、'以物的依赖性为基础的人的独立性'形态和'建立在个

---

① 习近平. 在全国高校思想政治工作会议上的讲话 [N]. 人民日报, 2016-12-09.
② 习近平. 在全国教育大会上的讲话——坚持中国特色社会主义发展道路 培养德智体美劳全面发展的社会主义建设者和接班人 [N]. 人民日报, 2018-09-10.
③ 习近平. 在全国教育大会上的讲话——坚持中国特色社会主义发展道路 培养德智体美劳全面发展的社会主义建设者和接班人 [N]. 人民日报, 2018-09-10.

人全面发展和他们共同的社会生产能力成为他们的财富这一基础上的自由个性'形态,其中,第三种形态事实上是作为类本质的人的终极形态。而中国特色社会主义高校所树之人事实上也就是'成为他们的财富这一基础上的自由个性'的德智体美劳全面发展的人,这是中国特色社会主义高校立德树人的目标旨归。"① 概括起来,立德树人就是为社会主义现代化建设以及中华民族的伟大复兴培养全面发展的建设者和接班人、培养能够担当重任的时代新人,实现社会主义现代化强国的目标。而这一目标的实现需要一大批优秀的人才,人才的培养,关键在于教师,因此立德树人也是时代的发展对教师队伍建设提出的新要求。

立德树人是对高校"培养什么样的人、如何培养人以及为谁培养人"这个根本问题的深刻回答,是高校的立身之本,是思想政治教育的灵魂,具有鲜明的时代特性和强烈的现实针对性。"高校思想政治教育要从全面把握和深入理解立德树人'根本任务'的高度,进一步提振立德树人作为高校'中心环节'的自觉性、彰显立德树人作为高校'立身之本'的自信力。要把'中心环节'的要求和'立身之本'的意境,寓于实现立德树人'根本任务'之中,融于新时代高校思想政治教育整体过程之中。"② 因此,作为新时代思想政治教育工作者,思想政治理论课教师必须牢固树立立德树人的教育理念,深入理解立德树人的深刻意蕴,遵循教育的基本规律,将德育置于思想政治工作的首位。通过探索教育规律,提高立德树人的自觉性;不断完善自我,提升立德树人的实效性;研究学生特点,增强立德树人的针对性;明确学科

---

① 王学俭,杨昌华. 立德树人:中国特色社会主义高校的立身之本 [J]. 新疆师范大学学报(哲学社会科学版),2018(01):55.
② 顾海良. 新时代高校思想政治教育的理论指导和发展理念——学习近平新时代中国特色社会主义思想 [J]. 思想理论教育导刊,2018(01):7.

特性，注重立德树人的价值性，最终真正做到以文化人、以德育人，担负起时代赋予教师角色的新使命。

三、加强新时代思想政治教育的理论自信

自信是一种积极向上的心理品质，表现为个体对自身的思维、能力、知识和行动充满信心并始终能以昂扬向上的态度、乐观积极的精神自我鼓励，它为个体的发展和进步提供了精神源泉。理论自信就是对自己所研究、学习、运用和信奉的理论保持一种坚定的态度，摒弃任何怀疑的精神。思想政治教育的理论自信就是对思想政治教育的理论具有坚定的信心和执着的信念，毫不动摇的信仰和践行思想政治教育的理论，坚持不懈地追求理论的深层内涵和现实价值。以马克思主义理论和中国特色社会主义理论为代表的思想政治教育理论以其自身的科学性为思想政治教育指明了正确方向。首先，明确思想政治教育指导思想的科学性。思想政治教育理论是马克思主义理论的重要组成部分，而马克思主义是科学的理论，它揭示了人类社会发展的基本规律，为人类从必然王国向自由王国的飞跃指明了方向和途径，为人民指明了实现自由和解放的道路。它与时俱进、不断发展、始终站在时代的前沿，为人类提供行动的指南，它的全部理论都立足于实现和维护最广大人民群众的根本利益，是我们认识世界、把握规律、追求真理、改造世界的科学思想武器。其次，明确思想政治教育理论内容的价值性。我国思想政治教育的内容包含世界观教育、价值观教育、人生观教育、道德观教育、法制观教育和心理健康教育，这些理论汲取了人类发展进程中优秀思想文化的成果和精华，以一种内在的思想逻辑和深厚的理论精髓对人的思想进行

统领和引导,对大学生思想和行为的指导具有很强的教化意义。而且,思想政治教育的内容随着时代的发展不断深化和更新,通过对不断变化发展的新情况、新问题的概括、提炼和总结,形成符合人的思想发展规律的思想政治教育的内容,使受教育者在思想政治教育的过程中逐步由感性上升到理性,实现理论和实践的具体的、历史的统一,而这也是思想政治教育实现以文化人、以文育人、立德树人的重要途径。"思想政治教育通过教导人们一定的社会规范,树立正确的人生态度和人生目的,从而培养人们的社会角色,使其成为符合社会发展要求的社会成员;通过调控人的思想行为,帮助人们建立和谐的社会关系,为人们的发展进步通过正确的价值导向和精神动力,使人们在生产和生活中能够按照道德规范去行为;通过塑造人的个性,陶冶人的情操,充实人的情感,从而使人们具有健康的人格"①,不论是思想政治教育对社会规范的教导,还是对人的思想和行为的调控抑或是对人的道德品质的塑造,无一不体现着思想政治教育对个体发展、对社会延续所起的关键作用。在2018年全国教育大会上,习近平指出,"教育部门和各级各类学校的党组织要增强'四个意识'、坚定'四个自信',坚定不移维护党中央权威和集中统一领导,自觉在政治立场、政治方向、政治原则、政治道路上同党中央保持高度一致。"②

理论自信更多地表现为思想和行动的坚定性,加强新时代思想政治教育的理论自信就是要坚持理论回归实践、指导实践、扎根实践,促使和激发理论发挥出改造世界的巨大作用,而所有这些的基础都在于思想政治理论课教师教导学生"弄懂"理论、"弄透"理论,因为只有"弄

---

① 冯国芳. 论马克思主义思想政治教育的理论自信[J]. 学术论坛, 2014 (08): 7.
② 习近平. 在全国教育大会上的讲话——坚持中国特色社会主义发展道路 培养德智体美劳全面发展的社会主义建设者和接班人[N]. 人民日报, 2018-09-10.

懂"和"弄透",才能解决"真学"和"真用"的问题,理论才能真正成为强大的思想武器。特别是在当前新时代新形势下,一部分大学生不同程度地存在政治信仰迷茫、价值取向扭曲、道德观念缺失等问题,多元的价值取向和良莠不齐的社会思潮的影响使得大学生的思想意志薄弱,容易在西方腐朽的生活方式和价值理念强势渗透和灌输的氛围中产生怀疑和动摇,迷失自己,甚至堕落腐化、步入歧途。因此作为思想政治理论课教师必须自身首先加强思想政治教育的理论自信,只有自己首先深刻领会、真正信服、实际践行思想政治教育的科学内涵、精神实质和实践要求,才能通过扎实厚重的马克思主义理论根基和突出的驾驭意识形态工作、开展思想理论教育的能力,使大学生对于思想政治教育内容的碎片化理解上升为系统认识,从而发挥思想政治教育对大学生思想价值的统领作用,实现高校乃至整个社会范围内对思想政治教育的逻辑认可和价值认同,增强思想政治教育的说服力和感染力,提升思想政治教育的吸引力和影响力。

第二节 加强思想政治理论课教师实现"四个统一"的意识自觉

一、加强"教书和育人相统一"的自觉意识

自古以来,教书育人就是教师的天职,作为学生成长道路上的指导者和引路人,思想政治理论课教师更应担当起教书育人的职责,言为士

则、行为世范，实现教书和育人的统一。教书是育人的途径，育人是教书目的，二者相辅相成、不可偏废，只有将二者有机地结合起来，才能实现培养全面发展的人的目标。倘若没有"教书"，"育人"便没有依托；没有"育人"，"教书"也就失去了其本来的意义，教书与育人作为不可分割的两个过程，作为同一个目标的两个不同方面，应当始终作为教师的意识自觉扎根于教师的思想意识当中。对于高校思想政治理论课教师来说，教书育人是对他们职业素质的基本要求，将教书育人二者有机地结合落实到教学活动中，是每一位教师职业责任。党的十八大报告把"立德树人"作为教育的根本任务，提出教育事业不仅要教授学生基本的科学文化知识，培养学生的基本能力，还要积极引导学生树立正确的世界观、人生观、价值观。党的十九大报告中再次强调"要全面贯彻党的教育方针，落实立德树人根本任务，发展素质教育，推进教育公平，培养德智体美全面发展的社会主义建设者和接班人"，可见，教书和育人在教师的职业生涯中的基础地位。加强教书和育人相统一的自觉意识，需要教师在教书环节树立"教育者先受教育"的自觉意识，只有在这样意识的支配下，教师才能不断汲取更多知识丰富自身，从而以扎实的专业知识和深厚的学术造诣影响学生，激发学生的探索精神、挖掘学生的最大潜能，开启学生的智慧之门。"师者，所以传道、授业、解惑也"，以传道授业为主要特征的教育活动向来是社会对教师提出的基本要求，因为教师首先是知识的集合体，授业是他们作为教师角色的首要内容，文化形象是教师最具代表性的形象，一个教师尤其是思想政治理论课教师要想赢得学生的尊重和认可，仅仅依靠个人魅力是远远不够的，仁爱之心和道德情操固然重要，但倘若上述内容没有扎实的学识作为根本支撑，也就成了虚无缥缈的空架子。因此，一方面教师作为知识的传播者，应当具备一定的知识素养，包括深厚的专业知识，广博的科学知识和丰富的实践知识等，只有依靠这些过硬的知识与功底，才能赢得学生的认可与尊重。另一方面，教师还应具备严谨的学术态度，既要在科研过程中严于律己，又要以严谨的学风影响和陶冶学生，帮助他们形成科学理性的态度，培养学生的创新精神和实践能力，促进学生的全面发展。

教师要对学生进行价值理念、道德观念的传授，首先自身就需要是一个道德高尚的人，因此教师在严谨治学、夯实学术功底的同时，还要不断地加强自身的道德修养，"立德树人，师德为范；立德先立师，树人先正己"，教师自身要充分诠释好道德示范的角色。以自身的人格魅力陶冶学生的道德人格。教师人格主要是指道德人格，教师的道德人格是教师角色的主体本质，是教师在自己的职业活动中所表现出的道德面貌与特征，是具有相对稳定性的道德行为范式和道德品质与人格境界。所谓"才者，德之资也；德者，才之帅也""有才无德，小人也；有德无才，君子也；然德才皆具者，圣人也"。由德才之间的关系可知，道德教育在大学生教育当中占据着十分重要的地位，教师作为教书育人的典范，尤其要发挥道德的育人功能，以德立身、以德立学、以德施教，注重对学术道德修养的培育，注重对学术精神境界的提升，以完善的道德人格感化学生，帮助学生形成健全的人格。"思想政治理论课教师要始终与中国特色社会主义同行，要同我国发展的现实目标和未来方向紧密联系在一起，为人民服务，为巩固和发展中国特色社会主义服务"[1]，结合时代要求，思想政治理论课教师要始终以社会主义核心价值观为指

---

[1] 王易，岳凤兰.关于加强新时代高校思想政治理论课教师队伍建设的思考［J］.思想理论教育，2018（05）：62.

导，让社会主义核心价值观的精神要义深深植根于学生内心并逐渐积蓄为大学生成长前行的重要力量，促使他们成为社会主义核心价值观的积极践行者。

"思想政治工作是进行心与心的碰撞和交流的工作，需要思想政治课教师用真理感召人，用真情感染人"①，教师只有以教书育人作为行动指导，加强"教书和育人相统一"的自觉意识，既以扎实的理论功底影响学生，又以高尚的师德风范感染学生，才能与学生形成学术和情感的双重共鸣，搭建起相互交流的桥梁。"当代大学生是未来建设中国特色社会主义事业的中流砥柱，思想政治理论课教师要肩负起时代的重托，切实履行好教书育人的使命"②，做大学生的学问之师和品行之师，更好地发挥思政课的引领作用。

二、加强"言传和身教相统一"的自觉意识

教师加强言传和身教相统一的自觉意识需要从以下三个角度入手：首先，对于言教的实施而言，教师需要提高自己语言组织与表达的能力。尽管心理学研究表明人与人交流时通过语言表达获取的信息量有30%，多数的信息量是通过作为第二语言系统的肢体动作和面部表情等获得的，但是，就当前学校教育而言，师生交流尤其是思想政治理论课的发生场所主要是在课堂，课堂仍是教育的主要阵地，因此，在教育实践中，言教占据着重要的地位。教师作为人类思想文化的传播者，始终

---

① 刘川生. 以习近平新时代中国特色社会主义思想为指导努力提升高校思想政治理论课亲和力与针对性［J］. 中国高教研究，2018（02）：4.
② 黄蓉生，李栋宣. 高校思想政治理论课教师"四有特质"的时代论析［J］. 思想理论教育导刊，2015（12）：76.

站在时代发展的前沿,通过积淀丰厚的文化底蕴和提高思想观念的层次,将科学文化知识和优秀道德理念加以系统化,利用娴熟流畅的语言表达能力传递给学生,使学生能够接受、理解和消化。实际教学的好坏很大程度上取决于教师的语言组织和表达能力,取决于教师驾驭知识并传递知识的能力,因此,良好的语言组织与表达能力是教师的基本素质,清晰且富有逻辑的教学语言是提升思想政治教育效果的关键。言传的过程也要做好与学生之间的情感沟通和信息交流,动之以情、晓之以理、如沐春风的语言风格会极大地减少教学的阻碍,使教育效果事半功倍。

其次,身教的环节要求教师要树立身体力行、率先垂范的自觉意识。"语之所贵者意也,意有所随。意之所随者,不可以言传也"①,"不教之教,无言之诏",思想政治教育从某种程度来说,身教的作用比言教更为重大。"纸上得来终觉浅,绝知此事要躬行",要想使学生深入透彻地理解思想政治教育的内容,亲身经历比单纯的语言教育要明白有效地多。"其身正,不令而行,其身不正,虽令不从",在德育方面,教师的身教往往在潜移默化之中实现了对学生道德品格的化育,达到"润物细无声"的教育效果。因此,教师不仅要重视言教,做到言行一致、表里如一,更要重视身教,做到严于律己,为人师表,通过以身作则、行为示范发挥思想政治理论课教师榜样模范的作用。

最后,言传和身教是不可分割的统一体,二者互为前提、互相支撑、相辅相成。言传身教中感性与理性的统一是思想政治理论课教师的言行一致,表里如一。教学实践中感性与理性的统一是思想政治理论课教师的以身作则,行为示范。好的教育往往是言传中融入身教,身教中

---

① 杨胜才.高校师德师风建设应着眼于"四个统一"[J].学校党建与思想教育,2018(01):47.

也伴随着言教，言教是为身教提供前提和铺垫，身教是对言传进行校验和强化。学高为师、身正为范，教师无论是站在七尺讲台，还是社会舞台，其职业角色赋予的特殊性使之永远都具有示范性和引导性的特点，一方面，"在实际工作中、现实社会里不做双面人，课上课下，校园内外表里如一、知行合一"①；另一方面，教师对学生的影响不仅具有潜移默化性，还具有深远持久性，尤其是思想政治理论课教师，他们的举手投足都被学生所关注，他们不经意的言语和动作都会被学生铭记在心，有时教师一个鼓励的眼神，可能会给学生莫大的鼓励和前进的动力，甚至影响学生一生。"学生具有向师性、依赖性和可塑性，教师在教书育人过程中要关注细节，言行一致，以良好的师德师风影响和带动学生，真正做到入眼、入脑、入心，强化学生道德意识，提高学生道德修养，自觉践行道德规范"②，因此，教师需要树立言传和身教相统一的自觉意识，将正确的价值观、积极的人生观、科学的世界观渗透到自己日常言行当中，传递给学生，使言传与身教在教育的过程中达到和谐统一，发挥协同作用，产生教育合力，完成高等教育立德树人的根本任务。

三、加强"潜心问道和关注社会相统一"的自觉意识

坚持"潜心问道和关注社会相统一"是思想政治理论课教师的角色特殊性对其提出的基本要求，教师需要具有扎实的专业知识和"爱智慧"的学术态度，专心从事学术研究，探索规律，发现真理。对高

---

① 马冠朝. 高校思想政治理论课教师践行习近平新时代中国特色社会主义思想话语路径研究［J］. 教育教学论坛，2018（12）：61.
② 靳诺. 立德树人：高等教育的根本任务和时代使命［J］. 中国高等教育，2017（18）：8.

校教师来说，潜心问道是一种对待学问的境界，是对他们学者身份提出的要求，目标是通过"问道"实现理论创新，实现理论改造社会的重大价值。"道"在这里指的是人类社会发展的客观规律，教师坚持"潜心问道"，一方面要"仰之弥高，钻之弥坚"，发扬求真钻研的精神，彰显学术的真正价值，避免博而不精、泛而不专等问题。另一方面，教师要有"非淡泊无以明志，非宁静无以致远"的恬淡心境，摆脱学术功利之心，追求纯真的学术态度，只有如此才能在知识和学术的世界中获得真理性认识，打开更多未知世界的大门。潜心问道固然重要，但教师的教学和学术活动不能只问道，教师的职业特点要求他们还要做到传道，因此关注社会现实，秉持"治学报国"的态度，树立"为天地立心，为生民立命，为往圣继绝学，为万世开太平"的远大志向，也是时代的发展对教师提出的基本要求。一心只读圣贤书、闭门造车和坐而论道所求得的不是真正的学问，而是与社会历史相割裂的"学问"，是不切实际的空想，真正的学问是能够联系实际，满足社会所需，使学生学以致用，以服务社会为主要目标的。实践是认识的来源，关注社会彰显了学问的社会价值，同时也是学问保持强大生命力的源泉，因此，政治理论课的内容要与我国社会发展的方向和要求同频共振，将时代的发展催生出的新情况、新问题、新挑战及时地体现在思想政治理论课的内容当中，并激发学生热爱学术，探索解决这些问题的切实举措。打铁还需自身硬，只有教师不断加强马克思主义理论修养，增强政治信念的坚定性、政治立场的原则性，以扎实的理论功底影响学生，时刻保持"本领恐慌"，不断进行自我充电，准确把握时代的脉搏，及时关注社会热点，"善于将课堂中的理论与生活实际紧密结合，着眼于思想政治理论课教材的整体性和生活化"①，才能使思想政治理论课的课堂生动

---

① 周琪.高校思想政治理论课创新的三个着力点［J］.思想理论教育导刊，2016（03）：119.

化、鲜明化，增强思政课对学生的吸引力、影响力和感召力，从而引领学生积极参与到社会主义现代化建设事业中来。

坚持潜心问道和关注社会相统一，思想政治理论课教师需要将个人价值和社会价值统一起来。"'潜心问道'并不是不关心社会、不关心现实。潜心问道与关注社会是一致的"①，在"潜心"钻研所获得的学术基本功的基础上通过关注社会，明确社会发展的方向、阶段、趋势和脉搏，为社会培育具有社会责任感、能担当时代大任的全面发展的人是对高校思想政治理论课教师的更高要求。教师的劳动具有间接性，教师劳动不直接创造物质财富，而是以学生为中介实现教师的价值，他们的劳动结晶是学生，是学生的品德、学识和才能，这些只有待学生走向社会之后，方能见到成效。因此，教师求道不只是为了实现个人价值，满足个人需求，而是本着以小我成就大我的心态，做到个人价值和社会价值的统一，教书育人、立德树人，担负起历史赋予的神圣使命。只有将个人的学术研究与回答社会现实问题的学术实践统一起来，才能称得上是合格的思想政治理论课教师。

四、加强"学术自由和学术规范相统一"的自觉意识

大学是教师和学生追求知识，传承、创新文化的崇高殿堂，学术活动是师生之间相互交流、教学相长的活动，进行科研学术的过程不但是追求知识的过程，还是追求真善美的过程，而教师在这一过程中坚持学术自由、遵守学术规范并做到学术自由和学术规范的协调统一是学术活动顺利进行的基础和前提。"学术自由是所有高等学府学术工作的普遍

---

① 刘建军. 论师德师风建设的"四个统一"[J]. 中国高校社会科学，2017（02）：17.

性指导原则,也是其孜孜以求并赖以生存的宝贵根基"①,我国社会主义文化的大发展大繁荣就是以学术自由为基础的。因此,从事学术研究,学术自由是首要条件,它是学术研究正常开展的前提条件,一方面,学术自由给学者提供了从事学术活动不受外在强制的自由空间,从而保证了良好的追求真理的平台。倘若学者进行学术研究没有自由意志和自由空间,就会举步维艰、寸步难行,学术活动难以取得实际效果;另一方面,学术自由是学术创新的基本条件,自由地开展学术研究是保障学者学术创新的基础,如果学术研究连自由探索的空间都不存在,那么还谈何学术进步,更不用说学术创新。但是,学术活动的健康有序发展亦不能离开学术规范,"无规矩不成方圆",我们倡导学术自由,给予学者充分的自由权并不代表这种自由是无限度的,任何自由都是相对的、有条件的,只有在学术规范的约束下,学术自由才能真正得到保障。"学术规范提供的是开展学术活动的具体规则,是对学术行为提出的原则要求。"② 高校教师如果不恪守学术规范,以学术功利为目的,弄虚作假、剽窃他人的学术成果就会败坏学术风气,污染学术氛围,因此,学术自由需要学术规范的约束,"尤其在意识形态属性较强的研究领域,学术成就需要学术规范去评定"③,否则容易引发学术界的混乱,使学生受到不良学术风气的影响,传染上这种学术研究的不正之风。

高校思想政治理论课教师具有教师和学者的双重身份,他们在进行学术活动时要追求真理、遵循客观规律,遵守学术伦理和学术道德,同

---

① 吴莎."四个统一"视域下高校师德建设现状与对策研究[J].德育研究,2018(07):19.
② 李正庭.加强师德师风建设要坚持"四个统一"[J].社会主义论坛,2017(03):17.
③ 张慧.坚持四个统一,树立良好师德师风[J].三峡大学学报(人文社会科学版),2017(39):13.

时，还要尊重彼此的科研成果，不能侵犯他人学术权益。加强"学术自由和学术规范相统一"的自觉意识，教师必须在合理的自由限度内和恰当的学术规范中才能获得真正的学术自由。思想政治理论课教师要想做到学术自由和学术规范的统一，必须将这种自觉意识落实到实际行动中，一方面，在高校倡导学术自由、支持和鼓励教师自由选择研究课题、鼓励教师积极进行学术创新的环境背景下，思想政治理论课教师应充分利用学术自由的权利进行学术探究，挖掘学术成果的现实价值，以解决社会发展过程中出现的冲突和问题，这是大学学术赖以生存和发展的根基；另一方面，教师还要努力强化学术规范意识，坚持学术的创新发展要严守学术规范性的道德底线，真正做到教师"以德立身"与"以德立学"的协调统一，探求真知与坚定信仰的协调统一，坚守底线与树立标杆的协调统一，努力担当学生健康成长的指导者和引路人的角色责任，担负起教育赋予他们的社会良心。

第三节　完善思想政治理论课教师践行"四个统一"师德观的教育体系

一、发挥"课程平台"在教书和育人统一中的"同向同行"作用

高校思想政治理论课是作为高等教育的一门课程而存在的，它既有高等教育对科学知识和卓越人才培养的普遍意义，又有培育有道德、有理想的时代建设者和接班人的特殊价值。既然是高校的基础课程之一，就必然要通过"课程平台"对大学生发挥实际作用，这里的课程平台

除了包含课堂教学这个主渠道，还包括课堂之外教师开展思想政治教育的一切场所，因为所有思想政治理论课教师对大学生展开的思想政治教育活动，都属于政治理论课的有机组成部分，它们共同对大学生的思想、政治、道德、价值教育发挥着一种"合力"。在教书育人环节当中，"课程平台"的意义尤其显著，这是因为课堂是教师开展教书活动的主要场所，尤其是思想政治理论课是一门以理想信念、价值理念、道德观念的传授为主要内容的课程，理论灌输法是思想政治教育的最主要的方法，而理论灌输的过程往往在课堂当中进行，思政课堂就是理论灌输的主渠道。另外，育人环节逐步脱离了以课堂为主要场所的传统模式，延伸到课堂外、案例中和生活中，尽管这些场所看似随意，且缺乏一种正式的严肃感，但是思想政治教育要求注重亲和力、感召力和吸引力的时代要求又使得这些育人场所具有了一种特殊的价值，并且扩展了传统课堂的内涵和外延。发挥"课程平台"在教书和育人统一中的"同向同行"作用是完善包含思想政治理论课在内的所有课程教师践行"四个统一"师德观的途径之一。

课程平台除了上述的思想政治理论课的课堂内外，还应当与高校其他各门课程一起，在新时代、新背景、新平台视域下共同发挥思想政治教育的合力。习近平在全国高校思想政治工作会议上的讲话中也指出，"思想政治理论课要坚持在改进中加强，提升思想政治教育亲和力和针对性，满足学生成长发展需求和期待，其他各门课都要守好一段渠、种好责任田，使各类课程与思想政治理论课同向同行，形成协同效应。"[①] 思想政治教育不是思想政治理论课的单一任务，其他课程的教师更不能片面地认为思想政治教育是与自己无关的事而产生消极应付的心态，思

---

① 习近平. 在全国高校思想政治工作会议上的讲话 [N]. 人民日报，2016-12-09.

想政治教育是服务于社会主义现代化建设伟大事业、致力于培养社会主义建设者和接班人的实践活动，它本质上是做人的工作，高校开设的任何一门课程都可以是思想政治教育活动的"课程平台"，思想政治教育非但不排斥其他课程的参与教化，反而以积极开放的心态期待更多的课程教师参与到思想政治教育实践中来。而全体高校教师作为社会的中坚分子和中流砥柱都有义务、有责任对大学生进行思想教育，围绕学生、关照学生、服务学生，不断提升学生的思想水平和道德品质，让学生成为德才兼备、全面发展的人才。只有既促进思想政治理论课与其他课程同向同行，又加强思想政治理论课教师教书和育人同向同行，以思想政治教育的终极目标为导向，努力将思想政治理论课建设成为学生真心喜爱、终身受益、毕生难忘的优秀课程，才能助力中华民族伟大复兴目标的早日实现。

二、发挥"实践教学"在言传和身教统一中的"榜样示范"作用

高校思想政治理论课教师是先进思想文化的传播者、党执政的坚定支持者、是大学生健康成长的指导者和引路人。加强思想政治理论课教师队伍建设，提升教师的教学水平，发挥教师对大学生榜样示范、塑造灵魂的作用，是高校立德树人的根本，是教师铸魂育人的关键。而上述目标的实现除了要利用好思想政治理论课课堂教学主渠道的作用，还要善于挖掘思想政治理论课教师在言传身教的"实践教学"环节中发挥道德榜样的示范作用。所谓"实践教学"是指"教育者指导受教育者如何实践的教学活动。即指教育者指导受教育者去能动地探索与改造客

观事物的活动"①，思想政治理论课的实践教学不同于理工科专业，理工科的实践教学强调知识体验和能力培养，而思想政治理论课实践教学除了强调这两点之外，还强调"德性培育"，高校开设政治理论课的目的绝不是仅在于让受教育者接受知识，而是真正地把所学习的知识内化为能够指导自身行动的根本原则，把社会发展要求的道德伦理、价值观念转化为自身实际行动的根本立场，达到德性培育的目的。因此，实践教学不是仅仅通过一系列实践环节还原书本知识，而是经过实践教学的环节让受教育者获得"身临其境"的知识体会，是使受教育者在教师以德立身、德才兼备、高尚师德的榜样影响下"见贤思齐""取长补短"，向教师的完美人格看齐。

"在实践教学过程中，如果说理论教育是让受教育者'知善'，即知道理论内容；情感升华就是'向善'，即受教育者受到了实践教学环节的熏陶，而形成了高尚的德性，具有'向善'的定势，即具有践行德性的冲动；日常践履就是'德行'，即受教育者能够把自己在实践教学中所形成的'道德自我'转换为日常生活中的'慎独'行为"②。在思想政治教育理论课实践教学的环境熏陶当中，教师的言传身教就显得格外重要，一方面，言传过程决定着教师能否将社会要求的价值理念、道德观念传递给学生使其具有理论知识的预先储备；另一方面，身教过程又决定着教师能否通过言行一致、表里如一的现实表现给学生的精神世界带来影响，从而真正使言传身教的过程转变成教师通过自己的言行为学生树立良好的道德楷模、鲜明的榜样形象和强大的示范价值。古人

---

① 杨艳春，卞桂平. 思想政治理论课实践教学理路探析 [J]. 思想理论教育导刊，2001（01）：82.
② 杨艳春，卞桂平. 思想政治理论课实践教学理路探析 [J]. 思想理论教育导刊，2001（01）：84.

说"师者，人之模范也"，在学生眼里，教师是吐辞为经、举足为法的典范，他们的一言一行都给学生以极大的影响，尤其是思想政治理论课教师，作为完美道德和优秀人格的化身，其行为更具有强大的示范性，只有严于律己、为人师表的教师才能受到学生的尊敬和爱戴，而那些不能发挥道德榜样示范作用甚至给学生的行为举止带来负面影响的教师，破坏了思想政治理论课教师言传和身教相统一的道德自觉，还深刻影响着学生的道德品质的形成。发挥思想政治理论课教师在实践教学中的榜样示范作用，就是要求教师在日常的教学实践中面向现实，教会并引导学生用马克思主义的立场、观点和方法解决实际问题，形成社会需要的完备的道德观念。

三、发挥"学术评价"在潜心问道和关注社会统一中的"价值导向"作用

学术评价是指"按照某一专业或领域的相关学术标准和要求，采用一定的技术手段，通过科学评价方法和评价体系，对研究人员的创造性或创新性学术成果进行价值判断，以检验其理论价值和应用价值的活动"[1]，学术评价的概念中已经明确了学术评价的参照标准即理论价值和应用价值，这就意味着对学者学术成果的判断和检验，不能只重视理论价值，还应当注重理论能否转化成改造实践的现实价值，即理论能否应用于现实世界。然而，当前我国的学术评价体系却存在着评价形式单一、标准过度量化等问题，对学者学术成果的评价，变成对其成果数

---

[1] 刘国新，王晓杰. 学术评价体系的价值选择与制度创新［J］. 社会科学战线，2014（04）：259.

量、出版率、引用率的统计，弱化对学术工作过程本身和学术成果的社会贡献的重视。而通过数量型特征的标准来检验学术的价值无疑是会导致学术"成果"在"量"上大量增加却不能在"质"上如实反映研究者的工作业绩、创新程度、社会效益的目光短浅的行为。作为高校教师，具有教师和研究者双重身份，一方面他们要进行教学活动，以完成高等教育的根本任务，另一方面，他们还需要关注学科发展的动态、关注社会现实进行科研活动以满足推动科学创新、发展和推动社会进步的需要，日常繁重的教学任务和过度量化的学术评价体系，使得高校教师不愿从事一些研究周期长、结论回收慢的原始性的理论工作，这在某种程度上导致了学术浮躁、学术失范、学术造假等现象的发生，学术评价就偏离了制度设计之初的激励、导向功能。尤其是思想政治理论课教师是马克思主义理论的学习者、研究者、传播者，倘若他们的学术研究也以次充好、弄虚作假，那么对于国家和社会的危害是极其重大的。

因此，学术评价应当具有价值导向的功能，对教师进行学术评价的标准不能只注重成果的数量，因为这只会导致更多重复堆砌、质量低下的学术垃圾的产生，而应当由功利性、工具性的评价趋向转向对学术性、价值性的追求，发挥评价活动的激励作用，激发教师创造更多更有价值的学术成果，真正发挥学术改造社会的巨大价值，回归学术发展的本来样态。在2018年9月10全国教育大会上，习近平强调"要深化教育体制改革，健全立德树人落实机制，扭转不科学的教育评价导向，坚决克服唯分数、唯升学、唯文凭、唯论文、唯帽子的顽瘴痼疾，从根本上解决教育评价指挥棒问题。"① 学术发展的根本目的是追求真理、创新知识、服务社会，这既是学术发展的逻辑起点，又是学术评价的最终

---

① 习近平. 在全国教育大会上的讲话——坚持中国特色社会主义发展道路 培养德智体美劳全面发展的社会主义建设者和接班人 [N]. 人民日报，2018-09-10.

依据。"高校学术评价的目的应定位于学术性,把促进学术创新、提高教师积极性、优化学术资源作为高校学术评价最终的归依"①,避免"为了评价而评价"的工具性价值过渡彰显而遮蔽了学术评价的终极目的。高校思想政治理论课教师作为马克思主义理论的传播者,更应当发挥"学术评价"在其潜心问道和关注社会统一中的"价值导向"功能,教师不能只潜心问道,坐而论道,完全将自己沉浸在理论研究的自我意义的世界当中,也不能摒弃基础理论一味参与到对现实社会的关注中,而应当结合自身扎实的马克思主义理论知识,深入联系社会实际,探究理论改造社会的方式和途径,钻研理论成果转化为能够对人的思想产生现实引导力的切入点,正如马克思曾说"理论一经掌握群众,就会变成改造社会的巨大物质力量",作为思想政治理论课教师,他们有义务、有责任拓展自己学术成果的影响力,深化大学生对马克思主义历史必然性和科学真理性、理论意义和现实意义的认识,教会他们运用马克思主义的立场、观点和方法认识世界、分析现实,深刻领悟马克思主义的真理力量。而这些都应当作为对思想政治理论课教师学术评价的价值指标,纳入对思想政治理论课教师的考核当中,促使高校和社会对那些能够产生价值影响的学术成果的评定和转化,实现学术成果的社会影响力,正如有的学者所倡导的那样,"激发学术创新的本真价值诉求、维护学术正义的社会价值诉求、激扬学者学术生命的人本价值诉求"②,真正发挥学术评价的价值导向作用。

---

① 马延奇.学术性:高校学术评价的价值取向[J].华中农业大学学报(社会科学版),2007(05):131.
② 刘建佳.学术评价的三个基本价值诉求:背离和光复[J].现代大学教育,2015(05):21-27.

四、发挥"意识形态"在学术自由和学术规范统一中的"政治引领"作用

科学无国界，科学家有祖国。习近平在全国教育大会上强调，"我国是中国共产党领导的社会主义国家，这就决定了我们的教育必须把培养社会主义建设者和接班人作为根本任务，培养一代又一代拥护中国共产党领导和我国社会主义制度、立志为中国特色社会主义奋斗终生的有用人才。这是教育的根本任务，也是教育现代化的方向目标。"[1] 学术活动的最终目标是推动社会进步，倘若高校教师的学术研究不是为了这一目的而存在，那么学术就失去了存在的价值。在推动社会进步的过程中，不能忽视意识形态问题对学术研究的限制和规约，尤其是在当下西方敌对势力对其资本主义意识形态进行渗透、灌输，以理论渗透、文化渗透和思想渗透的方式试图向中国的青年群体传播其价值理念，企图达到西化、分化中国的目的。在削弱中国知识阶层对社会主义的政治认同的国际背景下，更应当发挥意识形态对学术、对教育的"政治引领"作用，进一步强调意识形态在高校教师队伍建设中的重要作用。意识形态工作是一项极端重要的工作，事关党的前途命运、事关国家长治久安、事关民族凝聚力和向心力。在国民教育领域尤其是高等教育领域中意识形态更是发挥着重大的作用，高等教育发展水平是国家发展水平和发展潜力的重要标志，实现中华民族的伟大复兴，教育的地位和作用不可忽视，在新时代背景下，国家对高等教育的需要比以往任何时候都更加迫切，对科学知识和卓越人才的渴求比以往任何时候都更加强烈，而

---

[1] 习近平. 在全国教育大会上的讲话——坚持中国特色社会主义发展道路 培养德智体美劳全面发展的社会主义建设者和接班人 [N]. 人民日报，2018-09-10.

高等教育是培养社会主义建设者和接班人的事业，既然是社会主义建设者就不能忽视社会主义意识形态的核心地位，提升国家核心竞争力、建设社会主义现代化强国，无一不需要高等教育立德树人的现实教化，无一不需要意识形态教育的武装作用。

学术研究应当以意识形态为界限，也就意味着学术研究的服务对象必须以社会主义为客体，其他任何超出意识形态限度的、服务于资本主义意识形态的学术研究都应当坚决摒弃。前文已提到，学术发展的根本目的是追求真理、创新知识、服务社会。倘若高校的学术发展不是以上述目标为旨归，不是以实现建设社会主义现代化强国为根本方向，那么学术研究就缺乏价值支撑，缺少意识形态的主要依据，也就失去了存在的意义和价值，其研究的结果也不能称之为成果，反而可能为社会的发展带来潜在的隐患。高校教师进行学术研究固然具有学术自由，但自由不是毫无约束、没有限制的盲目自由，而是在必然引导下的、服从于必然的自由。思想政治理论课教师的学术研究不同于自然科学，具有明显的意识形态性，因而他们进行学术研究时更应当在坚持学术自由和学术规范相统一的前提下，以意识形态为界限，自觉约束自身的学术活动，使其始终为社会主义意识形态建设服务。思想政治理论课的课程属性和思想政治理论课教师的角色使命决定了其学术活动当中"政治引领"的必然性，思政课作为大学生思想政治教育的主渠道，思想政治理论课教师作为党的理论、路线、方针、政策的宣讲者，都决定了思想政治理论课教师的学术活动必须坚持政治引领，以其鲜明的目标性、明确的方向性、高度的学术性对其他学科进行引领和示范。发挥"意识形态"在学术自由和学术规范统一中的"政治引领"作用，对于完善思想政治理论课教师践行"四个统一"师德观的教育体系具有价值指引的作用。

第四节　培育思想政治理论课实现"四个统一"的教育生态环境

一、培育"寓教于知"的教书生态环境

在政治理论课中，营造良好的教育教学生态环境，就是把思想政治教育看作一个生态系统，系统与环境间及系统内部各要素之间的相互作用强调一种动态的平衡和有机的协调，既处理好人与人之间的关系，又处理好人与周围环境之间的关系，还要协调好内部诸因素之间的联系，促进思想政治教育与人、环境等和谐发展，真正实现思想政治教育的价值。思想政治教育具有显性和隐性的功能，同样教书生态环境既是学生学习活动的环境空间，可以以可感的具体形象作用于学生的感官，形成显性的"场境"，也可以从心理、情感上给学生以积极的隐性影响，进而感染学生的情绪，激发学生的内驱力，使之主动参与课堂教学。"寓教于知"的教书生态环境是指激发学生的好奇心，引起学生的兴趣，使学生产生强烈的求知欲，自主自发探求真知，发现真理，强调的是学生自主参与、寻求答案的过程和环境氛围。"寓教于知"的教书生态环境不同于以往教学中填鸭式的知识灌输，而是以学生求知探索的精神为教育导向，积极创设良好的教学生态环境。

培育"寓教于知"的教书生态环境，教师首先要做好教学的设计者，善于通过设置问题情境，引发学生的兴趣。"教师要着眼于从思政

课理论教学转向多元化教学模式"①,如情境式教学、范例式教学、抛锚式教学等教学方式,切合学生的兴趣点,激发学生的热情,调动他们学习的积极性,促使其既能以良好的情绪状态投入到课堂学习中,又能在课下继续钻研学术问题,培养他们对学术的兴趣。其次,"亲其师而信其道",培育"寓教于知"的教书生态环境,教师还要提升教育的亲和力,使思想政治理论课成为学生真正喜爱、终身受益的课程。教师要树立适应时代发展的教学观念,选择符合学生身心成长规律的教育方法,尊重热爱学生,平等地对待学生,营造一种和谐、宽容、愉悦的思政课教学氛围。在和谐融洽的课堂生态环境中,学生的学习动机及需要易于被唤醒和激活,他们就能够产生强烈的参与体验的欲望,并积极进入学习状态,从而全身心参与教师的教学活动,而这对于思想政治理论课来说是十分重要的环节。对于学生出现的错误等思想政治理论课教师应当积极看待,用正确的价值观念对其进行激励和引导,用平易近人的态度、亲切期许的眼神拉近师生之间的距离,使学生在课堂上想说、敢说、乐说,在课堂之外敢做、能做、愿做,通过与教师之间的积极互动,主动参与到思政课教学当中。再次,培育"寓教于知"的教书生态环境,教师要做好教育引导者。"寓教于知"并不等同于教师放任学生随波逐流,而是教师作为学生的引渡人和铺路石,给予学生以必要的帮助和指引。一方面,"针对学生在探究过程中遇到的问题,进行解疑释惑,帮助学生解决最关心的理论和实际问题。教学要由权威型向对话型转变"②,不能让课堂成为仅由教师主导的,展示教师自我风采的展

---

① 周琪. 社会主义核心价值观融入高校思想政治理论课的三个转向及实现[J]. 思想教育研究,2015(12):35.
② 陈二祥,陈志超. 担当起高校思政课教师应有的责任[J]. 红旗文稿,2014(22):31.

台，在此过程中，学生既是教育的主体又是教育的客体，应充分发挥学生在教学过程中的主体地位和能动性。另一方面，寓教于知的求知教学蕴涵着发现问题、分析问题、理解问题和解决问题的过程，需要学生聚焦于"是什么""为什么"和"怎么做"的创造性学习，逐步提高学生发现、分析和解决问题的能力，培养理性批判思维和创造能力。最后，培育"寓教于知"的教书生态环境，教师还要做好组织者。"寓教于知"的目的在于知，学生不仅要用心听，还要开口讲；不仅要积极参与活动，而且要求教师指导、组织活动，师生共同参与活动过程，提出问题、形成看法、创设意义。这样，"师生双方就能够形成有效互动，达到思想的碰撞、心灵的激荡，最后产生出共识的'火花'。"① 教师要组织学生将自主探究的成果在小组内部进行分享和交流，互动合作学习，使学生之间能够交流合作、互相借鉴、求取真知、共同进步。

二、培育"知行合一"的育人生态环境

"知行合一"是由王阳明首次提出来的，自古至今都是行之有效的教育方式之一。教育家陶行知的生活教育理论就提倡"教学做合一"，"知行合一"与"教学做合一"都强调做，即"行"的重要性。"知行合一"指引陶行知走上教育之路，在"知行合一"中，知是指思想认知，行是指社会实践活动，"在思想政治教育过程中，运用'以知导行''知行并进'的教学组织模式，以达到'知而必行'的教学实践效

---

① 蒋红，陈娜. 高校思想政治理论课"实践导向型"双主体教学模式探析 [J]. 思想教育研究，2013（02）：62.

果"①，是思想政治教育追求的目标。

　　培育"知行合一"的育人生态环境，首先，教师要以学科知识为支撑，与现实实际相结合，创设融入思政课的生活情境。"当代学生思想多元、思维活跃，乐于接受新鲜事物，讨厌干枯生涩的说教，也不喜欢与实际相脱节的理论，他们在思考教师所讲授的教材体系内容时会反思甚至产生抵触心理，说教式的教学方法难以产生吸引力和实效性。"②因此，在育人环境当中，教师要赋予思想政治理论课的内容以鲜明的生活色彩，也就是教学内容要贴近生活、贴近实际、贴近学生，使缺乏生机的课堂教学能够融入生活的气息，在潜移默化之中培养学生理论联系实际、知行合一的思想意识。生活情境能为大学生提供情感氛围和环境，教师要精心设计和建设的生活素材，把具体问题蕴涵在大学生能够观察和体验的生活情境之中，在可感、可观的生活情境中生发问题，进而激发大学生的情感动机，引发大学生的情感共鸣和认同动机。其次，教师应当重视实践教学，培养学生知行合一的良好习惯。生活素材进课堂，不是简单的"讲故事""看电影""聊八卦"，课堂上单纯的案例分析讲解，图片视频展示，虽与生活相结合，但学生的体会必然不是十分深刻，只会是空学并不会达到真正的效果，最终会影响到学生们的学习、生活能力。为了让学生真正做到认知与行动的统一，思想政治理论课教师要在立足教材的基础之上，开展实践教学活动，通过组织学生亲身参加各种志愿者活动、实地参观访问、社会调查、实习等社会实践，深化他们对理论知识的理解以及对国际形势、国情、民情的了解。"各

---

① 陆文敏．"知行合一"思想政治教育模式及其实现路径［J］．当代教育理论与实践，2013（04）：136．
② 姬立玲．新媒体环境下高校思政课教学方法创新探究［J］．思想教育研究，2016（10）：83．

部门各院系以及各门思政课的实践教学在内容和形式上互为依托、相互衔接,使课内课外、校内校外的实践教学活动有机结合,构建完善的实践育人体系,力争实现思政课实践教学对学生的全覆盖。"① 如果高校的资源条件允许还可以建立校园社会实践活动基地,全面集中地利用课堂和实践育人基地,开发校本资源。最后,教师在培育"知行合一"育人生态环境时,要坚持"实践导向"的基本原则,坚持实践育人、全程育人的教育理念,尊重学生认知发展规律,克服知行分离现象,通过"实践—认识—实践"的往复运动,深化学生在课堂当中所习得的理论知识并促使他们将这些知识运用于生活实践之中,从而能够进一步指导实践。

三、培育"学以致用"的学术生态环境

学术界述学立论不断,一派欣欣向荣,但繁荣的背后却隐藏着不能经世致用的隐患,尤其是在意识形态性较强的学术领域,这一问题更为突出,因此,培育教师"学以致用"的学术生态环境势在必行。所谓"学以致用"是指所学到的知识、能力,能够应用到实际之中,关注现实,解决实际问题。"思想政治教育具有较强的思想性,故而思想政治理论课也经常受到学而无用的质疑,其实效性也不被重视,因而,高校应因势利导,将'学以致用'的理念融入学术生态环境之中,追求学以致用,而不是学以致知。"②

"学以致用"的实质就是将所学内容内化于心,然后通过行动外化

---

① 赵增彦. 高校思政课实践教学资源多元化整合与一体化运用 [J]. 东北师大学报,2013(02):179.
② 付八军. 学以致用:应用型大学的灵魂 [J]. 教育发展研究,2016(19):24.

于行，落实到实际行动之中，能够应对和解决实际问题。因而，在教学目标的设计上，教师首先要兼顾"知识"与"能力"的平衡发展，科学合理地分配知识与技能在教学中的比重，教学目标的制定要切合学生发展实际，科学定位课程教学的目标。在学生掌握了思想政治教育的基本理论知识之后，重点培养学生的价值观念和道德规范，将所学知识运用到生活实际中，与社会现实接轨，以最终达到"学以致用"的目的。在教学内容上，教师要进行教学和科研的有效衔接。科研成果是对最新的学术领域发展动态的反映，也是知识链条中的重要一环，尤其是能够直接转化为先进生产力和能够指导人的观念意识的科研成果，更加证实了学术科研的经世致用之效用。由此可见，科研既是知识在理论层面的拓展延伸，也可以视为知识在应用层面的重要转化。思想政治理论课教师的科研成果作为马克思主义的基础理论，作为前沿的教学资源，既可以丰富思政课的教学内容，又可以拓展大学生的学术视野。因此在教学过程中，思想政治理论课教师要把教学和科研有效衔接起来，通过将自身的科研成果总结概括为课堂教学的重要部分，真正应用到教学实践当中，让学生了解理论创新的思想价值和基本过程，鼓励学生在学科理论方面进行探索，为大学生将来从事科研工作打下基础，同时还应让学生体会到学术创新改造社会的巨大力量和马克思主义理论强大思想武器的作用，提升他们"学以致用"的观念意识。在教学方法上，思想政治理论课教师应注重采用以"问题—应用"为导向的教学方法，这种方法的主要环节包括问题导入、问题讨论、知识学习、总结提升、应用反思。设置解决问题的教学情境能够帮助大学生形成善于钻研和探究的学术品质，通过解决实际问题真正掌握知识。整个教学过程始于问题，终于问题，以"用"来带动"学"，以问题为中介，将教学情境和实际情境进行融合，促进学生完成知识的内化与迁移，帮助学生"学以致用"

能力的提升。最后，在学业评价方面，思想政治理论课教师应完善"形成性评价体系"运用综合考核的方式，重点考查学生学以致用的能力。"应试教育之下，学生往往是为了考试而学、为了成绩而学，考试结束后，所学知识即完全抛诸脑后，许多学生面对思想政治的学习常常会有'学难以用'的困惑"[①]，因而，在考核内容上，思想政治理论课教师要坚持理论联系实际的原则，摒弃传统教育中"一刀切"的成绩决定论，注重对学生道德发展状况、价值观养成状况、现实表现状况的考察，真正体现出学生学以致用的能力和水平。

四、培育"爱智崇德"的制度生态环境

"制度生态环境是指影响制度生长、发展、变迁的一切社会因素的总和，某一制度以外的其他制度，以及政府组织、非政府组织、公民等共同构成主要的制度生态环境。"[②] 当今社会，教育领域重智育轻德育导致德育与智育割裂、认知与情感分离的现象在一定程度上仍然存在，甚至某些高校开展的德育课程也只是停于表面、流于形式，起不到应有的化育功能。如何从"转识成智"阶段向"转识成德"阶段过渡，以智育融合德育，以德育促智育，创设良好的"爱智崇德"的制度生态环境，是整个社会、高校和思想政治理论课教师都需要思考和解决的重要问题。

政府是制度的主要制定者，对制度的设计与实施、调整与完善等都

---

① 刘俊峰. 论如何在高中思想政治教学中提高学生学以致用能力 [J]. 教学研究，2018（03）：82.
② 陈丰. 论制度生态环境与制度成本 [J]. 华东理工大学学报（社会科学版），2013（01）：81.

起着重要的作用,是制度生态环境建设的重要主体。政府应不断完善"爱智崇德"的制度体系,从2004年至今的国家先后通过一系列文件可以看出,党和国家高度重视高校德育工作的重要性,把立德树人作为教育的根本任务,把培养全面发展的社会主义事业的建设者和接班人作为思想政治教育的根本目标,为"爱智崇德"制度环境的建立提供了依据和保障。但是,这些文件目前都尚未上升到制度层面,还无法起到制度对思想政治教育主体的约束和规范作用,因此政府部门要认真落实相关制度和政策,教育行政部门要把德育的效果作为教育的重要评价指标,引导学校进行自身的教育评价,督促德育与智育的融合发展,为"爱智崇德"的推行保驾护航,保证人才培养的正确方向。高校作为培养社会主义事业建设者和接班人的坚强阵地,对于培育"爱智崇德"的制度生态环境,肩负着义不容辞的责任。当今,学校教学的"智育化"倾向导致德育和智育发展的不平衡。"德育常常是'说起来重要,干起来次要,忙起来就不要',根本原因是教育的评价指标在作怪。"[1]因此,一方面,高校应完善德育与智育考评机制,使考核内容更加多样化、科学化,摆脱当前高校存在的德育教育简单化、随意化的问题,彻底纠正思想政治理论课浮于表面、简单说教、照本宣科的现象。尤其是针对德育的考核,学校应该健全考核机制,以多种方式、多个角度来考评,例如可以将学生的日常行为表现、社会实践表现纳入考评范围,考评结果可依据学生的自我评价、同学评价、教师评价等。另一方面,高校也应通过一系列制度建设,保障和落实"爱智崇德""多元教育"的制度文化,以此来敦促思想政治理论课教师既爱智慧,又尊崇道德,营造良好的"爱智崇德"的制度环境。人才培养,关键在教师,高校教

---

[1] 王仕民. 平衡与渗透:德育和智育关系的现代走向[J]. 中山大学学报(社会科学版),2006(05):71.

师作为制度约束的重要主体，也应当从自我做起，以对待知识的敬畏感、对待道德的尊崇感严格约束自身，身体力行地加速高校"爱智崇德"制度生态环境的建设，在新的时代条件下，以教师职业角色和职业群体的重要力量，呼吁并催生整个社会爱智崇德环境氛围的建立，为制度的制定和完善营造良好的舆论氛围。

参考文献

著作类

[1] 马克思恩格斯全集（第1、2、3、12卷）[M]．北京：人民出版社，1995．

[2] 马克思恩格斯全集（第19卷）[M]．北京：人民出版社，1963．

[3] 马克思恩格斯选集（第1—4卷）[M]．北京：人民出版社，2012．

[4] 马克思恩格斯文集（第1卷）[M]．北京：人民出版社，2009．

[5] 列宁选集（第1—4卷）[M]．北京：人民出版社，1995．

[6] 习近平．习近平谈治国理政［M］．北京：外文出版社，2014．

[7] 习近平总书记系列重要讲话读本［M］．北京：人民出版社，2014．

[8] 习近平．之江新语［M］．杭州：浙江人民出版社，2007．

[9] 十七大以来党的重要文献选编（上）［M］．北京：中央文献

出版社，2009.

[10] 十八大以来党的重要文献选编（上）［M］. 北京：中央文献出版社，2014.

[11] 陈万柏，张耀灿. 思想政治教育学原理［M］. 北京：高等教育出版社，2007.

[12] 张耀灿. 现代思想政治教育学［M］. 北京：人民出版社，2006.

[13] 朱德全. 现代教育理论［M］. 重庆：西南师范大学出版社，1999.

[14] 项久雨. 思想政治教育价值论［M］. 北京：中国社会科学出版社，2003.

[15] 李德顺. 价值论［M］. 北京：中国人民大学出版社，2007.

[16] 任钟印. 夸美纽斯教育论著选［M］. 任宝祥，等译. 北京：人民教育出版社，1991.

[17] 顾海良. 高等思想政治教育导论［M］. 武汉：武汉大学出版社，2006.

[18] 郑永廷. 思想政治教育方法论［M］. 北京：高等教育出版社，2010.

[19] 王学俭. 现代思想政治教育前沿问题研究［M］. 北京：人民出版社，2008.

[20] 苏振芳. 思想政治教育学［M］. 北京：社会科学文献出版社，2006.

[21] 仓道来. 思想政治教育学［M］. 北京：北京大学出版社，2004.

[22] 张耀灿，郑永廷，吴潜涛，骆郁廷等. 现代思想政治教育学

[M].北京：人民出版社，2006.

[23] 包利民.生命与逻各斯——希腊伦理思想史论[M].北京：东方出版社，1996.

[24] 陈平原.大学有精神[M].北京：北京大学出版社，2009.

[25] 郭金鸿.道德责任论[M].北京：人民教育出版社，2008.

[26] 黄向阳.德育原理[M].上海：华东师范大学出版社，2000.

[27] 张汝伦.思考与批判[M].上海：上海三联书店，1999.

[28] 周建平.追寻教学道德：当代中国教学道德价值问题研究[M].北京：教育科学出版社，2006.

[29] 王向华.大学的道德责任[M].北京：北京师范大学出版社，2017.

[30] 谢俊.大学的学术自由及其限度[M].重庆：重庆大学出版社，2012.

[31] 德里克·博克.走出象牙塔——现代大学的社会责任[M].徐小洲，陈军，译.杭州：浙江教育出版社，2001.

[32] 陈平原.大学何为[M].北京：北京大学出版社，2006.

[33] 高晓清.学术规范的原理[M].长沙：湖南人民出版社，2007.

[34] 马凤歧.自由与教育[M].北京：北京师范大学出版社，2006.

[35] 杨东平.大学精神[M].沈阳：辽海出版社，2000.

[36] 杨玉圣.学术规范与学术批评[M].开封：河南大学出版社，2005.

[37] 张维迎.大学的逻辑[M].北京：北京大学出版社，2005.

[38] 周光礼.学术自由与社会干预[M].武汉：华中科技大学出

版社，2003.

[39] 李德顺. 价值新论 [M]. 北京：中国青年出版社，1993.

[40] 韦伯著. 学术与政治 [M]. 冯克利，译. 北京：三联书店，2005.

[41] 博登海默. 法理学：法律哲学与法律方法 [M]. 邓正来，译. 北京：中国政法大学出版社，1999.

[42] 罗尔斯. 正义论 [M]. 何怀宏，译. 北京：中国社会科学出版社，2001.

[43] 马俊峰. 评价活动论 [M]. 北京：中国人民大学出版社，1994.

[44] 肯尼迪. 学术责任 [M]. 阎凤桥，译. 北京：新华出版社，2002.

[45] 吴瑾菁. 道德认识论 [M]. 北京：社会科学文献出版社，2011.

[46] 高平叔. 蔡元培教育论集 [M]. 长沙：湖南教育出版社，1987.

[47] 金生鈜. 规训与教化 [M]. 北京：教育科学出版社，2004.

[48] 朱小曼. 教育的问题与挑战：思想的回应 [M]. 南京：南京师范大学出版社，2000.

[49] 陈秉公. 思想政治教育学 [M]. 北京：高等教育出版社，1997.

[50] 黄楠森. 人学词典 [M]. 北京：中国国际广播出版社，1996.

[51] 陈万柏，张耀灿. 思想政治教育学原理 [M]. 北京：高等教育出版社，2012.

[52] 陈秉公. 思想政治教育学原理 [M]. 沈阳：辽宁人民出版

社，2001.

[53] 王瑞荪. 比较思想政治教育学 [M]. 北京：高等教育出版社，2001.

[54] 杨德广，谢安邦. 高等教育学 [M]. 北京：高等教育出版社，2009.

[55] 张世欣. 思想政治教育接受规律论 [M]. 上海：上海三联书店，2005.

[56] 陆庆壬. 思想政治教育学原理 [M]. 北京：高等教育出版社，1986.

[57] 杨威. 思想政治教育发生论 [M]. 北京：中国社会科学出版社，2009.

[58] 沈壮海. 思想政治教育有效性研究 [M]. 武汉：武汉大学出版社，2001.

[59] 王玄武，骆郁廷. 思想政治教育道德教育比较研究 [M]. 武汉：武汉大学出版社，2002.

[60] 班华. 现代德育论 [M]. 合肥：安徽人民出版社，2001.

[61] 张晓静. 自我教育论 [M]. 哈尔滨：黑龙江教育出版社，2004.

[62] 李玉环. 高校意识形态教育若干问题研究 [M]. 天津：天津人民出版社，2008.

[63] 王绍臣. 意识形态与社会主义市场经济研究 [M]. 天津：天津人民出版社，2002.

[64] 闵永新. 大学生思想政治教育整体有效性问题研究 [M]. 北京：中国社会科学出版社，2012.

[65] 费孝通. 文化与文化自觉 [M]. 北京：群言出版社，2010.

[66] 祖嘉合. 思想政治教育方法教程 [M]. 北京：北京大学出版社, 2004.

[67] 郑永廷. 思想政治教育方法论 [M]. 北京：高等教育出版社, 1999.

[68] 黄蓉生. 当代思想政治教育方法论研究 [M]. 重庆：西南大学出版社, 2000.

[69] 胡虹霞. 公民道德建设模式研究 [M]. 北京：社会科学出版社, 2013.

[70] 张澍军. 德育哲学引论 [M]. 北京：中国社会科学出版社, 2008.

[71] 邓晓芒. 思辨的张力：黑格尔辩证法新探 [M]. 北京：商务印书馆, 2008.

[72] 骆郁廷. 当代大学生思想政治教育 [M]. 北京：中国人民大学出版社, 2010.

[73] 孙其昂. 思想政治教育学前沿研究 [M]. 北京：人民出版社, 2013.

[74] 教育部社会科学研究与思想政治工作司. 高校思想政治理论课实践教学的探索与思考 [M]. 北京：高等教育出版社, 2005.

[75] 教育部社会科学司. 普通高校思想政治理论课文献选编（1949-2006）[M]. 北京：中国人民大学出版社, 2007.

[76] 江新华. 学术何以失范——大学学术道德失范的制度分析 [M]. 北京：社会科学文献出版社, 2005.

[77] 王全林. 精神式微与复归——"知识分子"视角下的大学教师研究 [M]. 南京：南京师范大学出版社, 2006.

[78] 张华夏. 现代科学与伦理世界 [M]. 北京：中国人民出版社

才，2010.

[79] 李怀春. 马克思主义哲学全书 [M]. 北京：中国人民大学出版社，1996.

[80] 林樟杰. 高等学校思想政治工作新认知 [M]. 上海：上海教育出版社，2009.

[81] 李焕明. 思想政治教育要论 [M]. 呼和浩特：内蒙古大学出版社，2003.

[82] 李其龙. 赫尔巴特文集·教育学 [M]. 杭州：浙江教育出版社，2002.

[83] 苏振芳. 思想政治教育学 [M]. 北京：社会科学文献出版社，2009.

[84] 邓演平. 大学生思想政治教育论 [M]. 长沙：湖南大学出版社，2010.

[85] 彭希德. 大学生日常思想政治教育实效性研究 [M]. 成都：西南财经大学出版社，2010.

[86] 康秀云. 十六大以来大学生思想政治教育创新研究 [M]. 北京：人民出版社，2013.

[87] 张静. 身份认同研究 [M]. 上海：上海人民出版社，2006.

[88] 刘松. 思想政治教育方法的实效性研究 [M]. 武汉：湖北人民出版社，2008.

[89] 陈立思. 社会思潮与青年教育 [M]. 北京：北京大学出版社，2011.

[90] 王珉. 当代西方思潮评介 [M]. 杭州：浙江大学出版社，2005.

[91] 骆郁廷. 精神动力论 [M]. 武汉：武汉大学出版社，2003.

[92] 张爱卿. 动机论 [M]. 武汉：华中事发大学出版社，1999.

[93] 刘新庚. 现代思想政治教育方法论 [M]. 北京：人民出版社，2006.

[94] 周书俊. 选择论 [M]. 北京：中央编译出版社，2006.

[95] 罗国杰. 马克思主义伦理学 [M]. 北京：人民出版社，1982.

[96] 周中之. 伦理学 [M]. 北京：人民出版社，2004.

[97] 曹锡仁. 中西文化比较导论——关于中国文化选择的再检讨 [M]. 北京：中国青年出版社，1992.

[98] 冯刚. 德育新视野 [M]. 北京：当代中国出版社，2011.

[99] 郑永廷. 社会主义意识形态发展研究 [M]. 北京：人民出版社，2002.

[100] 宋惠昌. 当代社会意识形态 [M]. 北京：中共中央党校出版社，1992.

[101] 赞可夫. 和教师的谈话 [M]. 北京：教育科学出版社，1980.

[102] 王天民. 大学生思想政治教育创新研究 [M]. 北京：北京师范大学出版社，2013.

[103] 张彦. 思想政治教育主体性研究 [M]. 广州：广东人民出版社，2006.

[104] 单春晓. 高校思想政治教育工作新视界 [M]. 北京：人民出版社，2011.

[105] 张曙光. 人的世界与世界的人 [M]. 北京：北京师范大学出版社，2009.

[106] 徐志远. 现代思想政治教育学范畴研究 [M]. 北京：人民出版社，2009.

[107] 张澍军. 高校学术思想政治教育载体研究 [M]. 北京：北京出版社, 1999.

[108] 李秉德. 教学论 [M]. 北京：人民教育出版社, 2003.

[109] 欧阳林. 思想政治教育传播学 [M]. 北京：北京交通大学出版社, 2005.

[110] 林庭芳. 高校思想政治理论课教育教学现代化研究 [M]. 北京：人民教育出版社, 2006.

[111] 阎艳. 交往视域中的思想政治教育 [M]. 北京：人民出版社, 2011.

[112] 姚梅林, 冯忠良. 教育心理学 [M]. 北京：人民出版社, 2005.

[113] 徐继超. 公民道德教育与公民法制教育 [M]. 北京：中国社会科学出版社, 2003.

[114] 刘雪松. 公民文化与法治秩序 [M]. 北京：中国社会科学出版社, 2007.

[115] 袁贵仁. 价值观的理论与实践——价值观若干问题的思考 [M]. 北京：北京师范大学出版社, 2006.

[116] 周从标. 全球化背景下思想政治教育创新研究 [M]. 北京：中国社会科学出版社, 2005.

期刊文献类

[1] 徐维凡. 关于加强高校思想政治理论课教师队伍建设的思考 [J]. 思想理论教育, 2009, 01.

[2] 杨胜才. 高校师德师风建设应着眼于"四个统一" [J]. 学校

党建与思想教育，2018，01．

[3] 刘建军．论师德师风建设的"四个统一"[J]．中国高校社会科学，2017，02．

[4] 赵培举．加强师德师风建设 培养高素质教师队伍[J]．中国高等教育，2013，13．

[5] 王炳杰．关于高校师德师风建设的思考[J]．赤峰学院学报，2010，01．

[6] 刘焱可．当前师德师风建设的必要性[J]．中国科技创新导刊，2009，02．

[7] 廉雨．高校师德师风建设内涵分析和对策研究[J]．经济师，2010，04．

[8] 张国祚．意识形态问题为什么不能回避[J]．红旗文稿，2015，08．

[9] 陈占安．关于加强高校思想政治理论课教师队伍建设的思考[J]．思想理论教育，2008，17．

[10] 魏斌．高校青年教师师德师风建设内外因分析研究[J]．教育探索，2011，05．

[11] 马书文．新时期优化高校青年教师师德师风建设环境研究[J]．教育探索，2010，04．

[12] 吴明永．高校青年教师师德师风建设环境优化探析[J]．中国成人教育，2010，06．

[13] 吴莎．"四个统一"视域下高校师德建设现状与对策研究[J]．德育研究，2018，07．

[14] 程德慧．"问道、明道、信道、传道"——新时代高校思想政治理论课教师发展的内在逻辑，周口师范大学学报，2018，04．

［15］毕吉利，周福盛."无私奉献"还是"有'利'可图"？——教师道德的功利性释读.教育评论，2017，11.

［16］陆文敏."知行合一"思想政治教育模式及其实现路径［J］.当代教育理论与实践，2013，04.

［17］邓文琳，刘鸿.大学学术氛围及影响因素理论探析［J］.黑龙江教育，2008，07.

［18］李爱君.高校学术失范的成因与对策［J］.中国高等教育，2009，17.

［19］石海泉.工具理性与价值理性视角下思想政治教育分析［J］.牡丹江师范学院学报（哲社版），2001，01.

［20］李硕号，姚启和.关于大学学术风气的理论探讨［J］.上海高教研究，1997，06.

［21］王柄书，张玉堂.价值理性简论［J］.空军政治学院学报，1999，01.

［22］王雅文，曹丹.简析对大学生冲击较大的四种当代社会思潮［J］.思想政治教育研究，2010，06.

［23］李剑.教师专业发展中的功利主义现象及其消除思路［J］.教育探索，2011，02.

［24］张宏喜，徐士强.教育：跨越功利主义 复归人文关怀［J］.当代教育论坛，2003，03.

［25］邓环.科技文化：工具理性与价值理性的冲突及融合［J］.科技进步与对策，2103，19.

［26］王仙雅，林盛等.科研压力对科研绩效的影响机制研究——学术氛围与情绪智力的调节作用［J］.科学学研究，2013，10.

［27］展立新，陈学飞.理性的视角：走出高等教育"适应论"的

历史误区 [J]. 北京大学教育评论，2013，01.

[28] 魏小兰. 论价值理性与工具理性 [J]. 江西行政学院学报，2004，02.

[29] 潘斌. 论教育回归生活世界 [J]. 高等教育研究，2006，05.

[30] 方燕君. 论自由与必然关系在思想政治教育中的运用 [J]. 理论月刊，2008，07.

[31] 王开宁. 马克思恩格斯论自由与必然的关系 [J]. 武汉交通管理干部学院学报，1994，02.

[32] 夏珍珍. 马克思主义视域下论自由与必然的关系 [J]. 廊坊师范学院学报（社会科学版），2010，03.

[33] 王利军. 马克思自由观的社会历史维度 [J]. 前沿，2012，17.

[34] 赵甲明. 全面把握必然与自由的统一性及其意义 [J]. 清华大学学报（哲学社会科学版），2003，06.

[35] 齐冰，刘志民等. 三种社会思潮对高校学风的负面影响及其应对 [J]. 中国青年政治学院学报，2014，01.

[36] 胡建. 实用主义思潮对大学生思想政治教育的影响及对策 [J]. 传承，2016，07.

[37] 高晓清. 市场经济条件下教师道德的维度 [J]. 教师教育研究，2006，03.

[38] 熊静，余秀兰. 逃离科研：理想与现实冲突下的研究生学术生态 [J]. 教育学术月刊，2013，08.

[39] 袁琳波，毕云天等. 我国高等教育改革的发展方向——工具理性与价值理性的整合 [J]. 检验医学教育，2012，04.

[40] 张应强. 现代化、价值教育与大学使命 [J]. 有色金属高教

研究，2000，05.

[41] 徐滢珺. 学术氛围对青年教师科研绩效的影响 [J]. 中国高校科技，2005，12.

[42] 程孝良，向玉凡. 研究生学术失范成因与治理路径探微 [J]. 中国高教研究，2011，03.

[43] 李恒川，王军. 知行合一的道德教育及其困境 [J]. 齐鲁学刊，2012，04.

[44] 李承贵. 知识优先于道德——贺麟对"知行合一"的诠释及其启示 [J]. 中共宁波市委党校学报，2014，01.

[45] 田小凤. 高校教师伦理困境的现状分析及其策略研究 [J]. 中国成人教育，2015，13.

[46] 杨木，梁勇. 加强高校理工科学生人文教育的思考 [J]. 吉林省教育学院学报，2015，06.

[47] 焦洁庆. 理工科院校大学生思想政治教育状况及其优化 [J]. 学校党建与思想教育，2017，12.

[48] 陈丹雄. 论高校立德树人根本任务的实现困境及其破解 [J]. 高等农业教育，2014，03.

[49] 熊晓梅. 用社会主义核心价值观引领思想政治教育 [J]. 中国高等教育，2015，02.

[50] 顾明远. 中国教育路在何方——教育漫谈 [J]. 课程·教材·教法，2015，03.

[51] 骆郁廷，项敬尧. 论新时代思想政治教育创新发展的基本遵循 [J]. 思想教育研究，2018，01.

[52] 佘双好. 论新时代思想政治教育发展的新使命 [J]. 思想教育研究，2018，05.

[53] 黄蓉生. 切实担负起新时代赋予高校思想政治教育的新使命——学习党的十九大报告的几点初浅体会［J］. 思想家教育研究, 2018, 03.

[54] 徐蓉. 思想政治理论课教师队伍建设的新态势与新使命［J］. 思想理论教育, 2018, 04.

[55] 陈权. 新时代大学生思想政治教育着力点［J］. 思想教育研究, 2018, 01.

[56] 顾海良. 新时代高校思想政治教育的理论指导和发展理念——学习近平新时代中国特色社会主义思想［J］. 思想理论教育导刊, 2018, 01.

[57] 王秀阁, 张虹. 新时代高校思想政治理论教育的新使命新任务新作为［J］. 理论前沿, 2018, 08.

[58] 张毅翔. 新时代思想政治教育的新使命和新要求［J］. 思想教育研究, 2017, 11.

[59] 方晓珍. 高校"立德树人"的理论指导与实践路径［J］. 思想理论教育导刊, 2013, 06.

[60] 李炳义. 高校教师立德树人的实现途径［J］. 教育探索, 2014, 05.

[61] 吴潜涛, 吴俊. 坚持"三个面向"与"立德树人"的统一［J］. 思想理论教育导刊。2014, 04.

[62] 陈勇, 陈蕾等. 立德树人：当代大学生思想政治教育的根本任务［J］. 思想理论教育导刊。2013, 04.

[63] 韩丽颖. 立德树人：生成逻辑·精神实质·实践进路［J］. 东北师大学报（哲学社会科学版）, 2016, 06.

[64] 王学俭, 杨昌华. 立德树人：中国特色社会主义高校的立身

之本[J]. 新疆师范大学学报（哲学社会科学版），2018，01.

[65] 陈丹雄. 论高校立德树人根本任务的实现困境及其破解[J]. 高等农业教育，2014，03.

[66] 潘学良. 关于"四个自信"教育贯穿高校思想政治理论课教学全过程的思考[J]. 思想理论教育导刊，2016，10.

[67] 白显良. 加强大学生"四个自信"教育的几点思考[J]. 思想教育研究，2016，09.

[68] 周晓琴. 中国梦视域下大学生"四个自信"的培养路径探析[J]. 中国成人教育，2017，06.

[69] 内蒙古中国特色社会主义理论体系研究中心[J]. 红旗文稿，2016，18.

[70] 李东坡，王学俭. 高校思想政治理论课社会实践教学的意义、问题和对策[J]. 思想理论教育导刊，2014，08.

[71] 陈其胜. 高校思想政治理论课实践教学：立论基础、现实困境、路径选择[J]. 思想教育研究，2012，02.

[72] 吴春莺，倪宪章. 高校思想政治理论课实践教学路径选择原则[J]. 思想政治教育研究，2015，05.

[73] 陈化水. 构建高校思想政治理论课实践教学模式的几点思考[J]. 思想教育研究，2016，06.

[74] 韩泽春. 思想政治教育实践育人路径探析[J]. 中国教育学刊，2013，09.

[75] 汤俪瑾. 思想政治理论课实践教学的基本原则和具体环节[J]. 思想理论教育导刊，2014，01.

[76] 杨艳春，卞桂平. 思想政治理论课实践教学理路探析[J]. 思想理论教育导刊，2015，01.

[77] 刘国新, 王晓杰. 学术评价体系的价值选择与制度创新 [J]. 社会科学战线, 2014, 04.

[78] 马延奇. 学术性：高校学术评价的价值取向 [J]. 华中农业大学学报（社会科学版），2007, 05.

[79] 陈燕, 崔金贵. 学术评价中工具理性与价值理性的主导成因及平衡机制 [J]. 清华大学学报（哲学社会科学版），2012, 06.

[80] 刘建佳. 学术评价的三个基本价值诉求：背离和光复 [J]. 现代大学教育, 2015, 05.

[81] 朱寿桐. 试论学术评价的学术性 [J]. 学术研究, 2006, 02.

[82] 顾建民. 学科差异与学术评价 [J]. 高等教育研究, 2006, 02.

[83] 张保生. 学术评价的性质和作用 [J]. 学术研究, 2006, 02.

[84] 卢黎歌. 试论高校思想政治理论课教材体系向教学体系的转化 [J]. 教学与研究, 2009, 11.

[85] 李卫红. 统一思想，明确任务，扎实工作，高质量实施高校思想政治理论课新课程方案——在全国高校思想政治理论课管理工作会议上的讲话 [J]. 教学与研究, 2006, 06.

[86] 王学俭, 李永杰. 高校思想政治理论课社会实践教学机制创新的思考 [J]. 思想理论教育导刊, 2007, 02.

[87] 邓文琳, 刘鸿. 大学学术氛围及影响因素理论探析 [J]. 黑龙江教育, 2012, 07.

[88] 李雪林. 在科研氛围中实现对学术型教师的培养 [J]. 中国教师, 2014, 08.

[89] 史静寰, 许甜等. 我国高校教师教学学术现状研究 [J]. 高等教育研究, 2011, 12.

[90] 韩延明. 学风建设：大学可持续发展的永恒主题 [J]. 高等教育研究, 2006, 03.

[91] 张晓红, 梅荣政. 历史虚无主义的实质和危害 [J]. 思想理论教育, 2009, 07.

[92] 陈曦. 二十一世纪以来西方社会思潮对思想政治教育影响研究的述评 [J]. 中国电力教育, 2011, 16.

[93] 张芙华. 经济伦理道德建设：对市场经济的适应和超越 [J]. 伦理学研究, 2004, 01.

[94] 郑家栋. 理性与理想：中国现代人文主义哲学的基本精神 [J]. 哲学研究, 1993, 08.

[95] 龚育之. 科学与人文：从分离走向交融 [J]. 毛泽东邓小平理论研究, 2004, 06.

[96] 刘献君. 知识经济时代的人文教育 [J]. 中国大学教育, 2011, 03.

[97] 杨叔子. 科学和人文和而不同 [J]. 中国高教研究, 2002, 07.

[98] 陈学明. 当代中国民族主义与青年政治社会化 [J]. 理论与改革, 2005, 06.

[99] 孙少伟, 焦红波. 论价值理性的生成根源 [J]. 前沿, 2005, 05.

[100] 胡慧华. 价值理性的重建及其当代意义 [J]. 四川理工学院学报（哲学社会科学版）, 2015, 07.

[101] 涂又光. 文明本土化与大学 [J]. 高等教育研究, 1998, 06.

[102] 黄正泉, 王健. 人文关怀——思想政治教育之魂 [J]. 现代大学教育, 2007, 03.

[103] 张向荣. 言传身教必先正其德——谈新时期高校师德建设的重点即方法 [J]. 山东行政学院学报, 2012, 05.

[104] 颜素珍, 谈育明. 论高校"两课"教师教书育人的职责 [J]. 江苏高教, 2004, 03.

[105] 刘涛. 高校院系教书育人融合途径探析 [J]. 高校辅导员, 2012, 04.

[106] 吴倬. 论能力培养在高校教书育人中的重要作用 [J]. 清华大学教育研究, 2002, 05.

[107] 胡金平. 当代中国若干教育理念的反思 [J]. 南京师范大学学报, 2001, 09.

[108] 李小鲁. 论道德教育向道德教化的转进 [J]. 现代教育论丛, 2007, 04.

[109] 顾润生. 道德教育与道德知识教育辨析 [J]. 教育探索, 2010, 01.

[110] 李小鲁. 反思与回归: 大学根本任务的厘定 [J]. 中国高等教育, 2009, 06.

[111] 李小鲁. 反思与重构: 当代思想政治教育的内生型构建 [J]. 学术研究, 2011, 07.

[112] 郑予婕. 高校特色校园文化建设的实施路径探析 [J]. 西南民族大学学报（哲学社会科学版）, 2013, 10.

[113] 胡银根. 人文精神涵义等若干问题研究 [J]. 天津大学学报（社会科学版）, 2000, 03.

[114] 朱水萍. 教师伦理现状调查与问题反思 [J]. 全球教育展望, 2014, 07.

报纸类

[1] 习近平. 在全国高校思想政治工作会议上的讲话 [N]. 人民日报, 2016-12-09.

[2] 习近平. 做党和人民满意的四有好教师 [N]. 人民日报, 2014-09-10.

[3] 习近平. 在北京大学师生座谈会上的讲话 [N]. 人民日报, 2018-05-02.

[4] 习近平. 在纪念马克思诞辰200周年大会上的讲话 [N]. 人民日报, 2018-05-04.

[5] 习近平. 瞄准世界科技前沿 引领科技发展新方向 [N]. 人民日报, 2018-05-29.

[6] 习近平. 在全国宣传思想工作会议上的讲话 [N]. 人民日报, 2018-8-22.

[7] 习近平. 在全国教育大会上的讲话——坚持中国特色社会主义发展道路 培养德智体美劳全面发展的社会主义建设者和接班人 [N]. 人民日报, 2018-09-10.

[8] 习近平. 在哲学社会科学工作座谈会上的讲话 [N]. 人民日报, 2016-05-19.

[9] 习近平. 完善和发展中国特色社会主义制度 推进国家治理体系和治理能力现代化 [N]. 人民日报, 2014-02-18.

[10] 习近平. 坚定不移沿着中国特色社会主义道路前进 为全面建成小康社会而奋斗——在中国共产党第十八次全国代表大会上的报告 [N]. 人民日报, 2102-11-08.

[11] 习近平. 决胜全面建成小康社会 夺取新时达中国特色社会主义伟大胜利——在中国共产党第十九次全国代表大会上的报告[N]. 人民日报, 2017-10-18.

[12] 习近平. 切实学懂弄通做实党的十九大精神 努力在新时代开启新征程续写新篇章[N]. 人民日报, 2017-10-29.

[13] 习近平. 共同构建人类命运共同体——在联合国日内瓦总部的演讲[N]. 人民日报, 2017-01-20.

[14] 习近平. 大力学习弘扬焦裕禄精神 继续推动教育实践活动取得实效[N]. 人民日报, 2014-03-19.

[15] 习近平. 在庆祝中国共产党成立95周年大会上的讲话[N]. 人民日报, 2016-07-02.

[16] 习近平. 青年要自觉践行社会主义核心价值观[N]. 人民日报, 2014-05-24.

[17] 习近平. 做好老师 当好学生"引路人"[N]. 人民日报, 2016-09-22.

[18] 习近平. 胸怀大局把握大势着眼大事 努力把宣传思想工作做得更好——在全国宣传思想工作会议上的讲话[N]. 人民日报, 2013-08-21.

[19] 习近平. 在全国教育大会上的讲话[N]. 人民日报, 2018-09-10.

[20] 栗战书. 全面把握中国特色社会主义进入新时代[N]. 人民日报, 2017-11-09.

[21] 刘云山. 深入学习贯彻习近平新时代中国特色社会主义思想[N]. 人民日报, 2017-11-06.

[22] 汪洋. 推动形成全面开放新格局[N]. 人民日报, 2017-

11-10.

[23] 沈壮海. 中国精神的"根"和"脉"[N]. 光明日报, 2015-01-06.

[24] 李忠军, 吴潜涛. 用中国精神凝神聚力[N]. 人民日报, 2013-08-27.

[25] 冯骥才. 人文精神是教育的灵魂[N]. 人民日报, 2008-01-04.

[26] 贾高建. 切实加强马克思主义理论学习研究宣传[N]. 人民日报, 2014-07-17.

[27] 韩庆祥. 马克思主义中国话的新飞跃——学习习近平治国理政论述[N]. 光明日报, 2015-05-27.

[28] 胡苏平. 为全面深化改革聚集强大正能量[N]. 光明日报, 2014-01-21.

[29] 中共山东省委理论学习中心组. 不断提高做好意识形态工作的能力——深入学习贯彻习近平同志在全国宣传思想工作会议上的重要讲话精神[N]. 人民日报, 2013-10-24.

[30] 沈壮海. 把准社会主义核心价值观培育的着力点[N]. 光明日报, 2013-01-05.

[31] 曹建文. 学术评价不能简单量化[N]. 光明日报, 2016-11-20.

[32] 白显良, 李栋宜. 凝聚实现中国梦的中国力量[N]. 光明日报, 2013-06-02.

学位论文类

[1] 郑魏静. 当前我国高校师德师风建设研究［D］. 西南财经大学, 2012.

[2] 郝文斌. 高校教师思想政治工作实证研究——以黑龙江75所高校为例［D］. 哈尔滨师范大学, 2010.

[3] 崔胜利. 高校师德师风建设研究［D］. 中北大学, 2010.

[4] 王鑫. 思想政治教育知行统一规律探析［D］. 华东师范大学, 2008.

[5] 许力双. 中国高职院校大学生思想政治教育路径研究［D］. 吉林大学, 2016.

[6] 陈华文. 立德树人维度下大学生社会主义核心价值观教育研究［D］. 中国地质大学, 2016.

[7] 王忠. 大学生思想政治教育实践育人机制创新研究［D］. 东北师范大学, 2016.

[8] 刘洁. 当代大学生中国特色社会主义理论体系接受问题研究［D］. 大连理工大学, 2015.

[9] 黄菊. 现代思想政治教育情境场构建研究［D］. 华中师范大学, 2014.

[10] 雷儒金. 高校思想政治理论课教学方法改革研究［D］. 武汉大学, 2012.

[11] 杨洪泽. 当代大学生思想政治教育实效性研究［D］. 东北师范大学, 2013.

[12] "文本"到"人本"——高校思想政治教育范式转换研究[D]. 复旦大学,2007.

[13] 阮东彪. 当代中国马克思主义大众化研究[D]. 中国人民大学,2009.

[14] 李尽晖. 当代大学生道德责任教育研究[D]. 陕西师范大学,2009.

[15] 张潇竹. 高校思政课教师自我效能感与有效教学行为的影响因素分析[D]. 中国地质大学,2017.

[16] 张贺程. 高校思政课教师人文素养拓展问题研究[D]. 华北电力大学,2015.

[17] 兰静. 高校教师职业道德修养存在的问题及对策研究[D]. 西南大学,2013.

[18] 黄俊怡. 当前高校教师职业道德规范的伦理审视[D]. 南昌航空大学,2016.

[19] 郝波. 思想政治教育现代转型的基本逻辑[D]. 陕西师范大学,2016.

[20] 胡咚. 当代大学生人生价值观教育创新研究[D]. 华中师范大学,2015.

[21] 王琳. 人文素养视域下高校思想政治教育研究[D]. 中国矿业大学,2018.

[22] 陈步云. 高校实践育人机制研究[D]. 东北师范大学,2017.

[23] 史姗姗. 思想政治教育话语权研究[D]. 武汉大学,2014.

[24] 张夏力. 人学视域中的思想政治教育问题研究[D]. 北京交通大学,2017.

[25] 邱仁富. 思想政治教育话语理论探要 [D]. 上海大学, 2010.

[26] 刘文革. 思想政治理论课教学实效性研究 [D]. 首都师范大学, 2011.

[27] 徐晓霞. 新中国60年来高校理想教育的基本历程与基本经验 [D]. 山东大学, 2016.

后 记

2016年12月,全国高校思想政治工作会议在北京召开,习近平在会议上发表重要讲话,他强调,"高校思想政治工作关系高校培养什么样的人、如何培养人以及为谁培养人这个根本问题。要坚持把立德树人作为中心环节,把思想政治工作贯穿教育教学全过程,实现全程育人、全方位育人,努力开创我国高等教育事业发展新局面。"[①] 在这次会议上,习近平提出了思想政治理论课教师要坚持"四个统一"师德观,即坚持教书和育人相统一、坚持言传和身教相统一、坚持潜心问道和关注社会相统一、坚持学术自由和学术规范相统一,通过坚持和完善"四个统一",加强师德师风建设,引导广大教师以德立身、以德立学、以德施教。教师是人类灵魂的工程师,承担着神圣的使命,思想政治工作从根本上说是做人的工作,必须围绕学生、关照学生、服务学生,不断提高学生思想水平、政治觉悟、道德品质、文化素养,让学生成为德才兼备、全面发展的人才。而上述这些目标的实现,都有赖于思想政治理论课教师具备坚定的理想信念、扎实的知识储备、深厚的人文情怀、高尚的职业道德和明确的角色使命。因比,要想使思想政治理论课真正

---

① 习近平. 在全国高校思想政治工作会议上的讲话 [N]. 人民日报,2016-12-09.

成为让学生"终身受益"的课程，就要解决大学生"真学、真信、真用"马克思主义理论的现实问题，而促使这一问题解决的首要任务便是思想政治理论课教师自身先受教育，传道者自己首先要明道、信道，努力成为先进思想文化的传播者、党执政的坚定支持者，才能更好地担起学生健康成长的指导者和引路人的责任。

"教育是民族振兴、社会进步的重要基石，是功在当代、利在千秋的德政工程，对提高人们综合素质、促进人的全面发展、增强中华民族创新创造活力、实现中华民族伟大复兴具有决定性意义。"① 思想政治工作是一切工作的"生命线"，它作为意识形态教育的核心和关键，不仅是高校需要突出强调的问题，还是整个社会范围内需要切实解决好的一个重大课题。针对全社会思想政治工作开展过程中出现的成绩和问题，面对西方资本主义对中国进行意识形态渗透加剧的形势，在2018年8月，习近平召开全国宣传思想工作会议，部署新时代、新形势下宣传思想工作的任务和重点。习近平强调，完成新形势下宣传思想工作的使命任务，必须以新时代中国特色社会主义思想和党的十九大精神为指导，增强"四个意识"、坚定"四个自信"，自觉承担起举旗帜、聚民心、育新人、兴文化、展形象的使命任务，坚持正确政治方向，在基础性、战略性工作上下功夫，推动宣传思想工作不断强起来，促进全体人民在理想信念、价值理念、道德观念上紧紧团结在一起，为服务党和国家事业全局做出更大贡献。

思想政治理论课是对大学生开展思想政治教育的主渠道，它的地位至关重要，帮助学生扣好人生的第一粒扣子，必须紧紧抓住思政课这个重点。但是，思想政治理论课理论基础深厚、内容广博丰富，要想在实

---

① 习近平. 在全国教育大会上的讲话 [N]. 人民日报，2018-09-10.

际教学中讲好讲透、为学生做好榜样示范绝非易事。打铁还需自身硬，倘若教师自己没有真才实学，缺乏理想信念，缺少价值指引，社会何以期待思想政治理论课对学生产生影响力？思想政治理论课教师是高等学校教师队伍的一支重要力量，加强高校思想政治理论课教师队伍建设是高等教育的重中之重。因此，思想政治理论课教师需要在明确新时代思想政治教育的新使命、树立"立德树人"的新理念，在坚定"四个自信"的基础上，强化实现"四个统一"的意识自觉，在不断完善的教育体系的影响下，在不断优化的教育生态环境的熏陶下，时刻保持一种"本领恐慌"的危机感，用扎实的马克思主义理论根基和突出的驾驭意识形态工作的能力，引领大学生坚定对马克思主义的立场自信和观点自信，以人格魅力引导学生的心灵，使思想政治理论课教师的影响力从课堂走向学校，从学校走向社会。只有使高校成为培养社会主义事业建设者和接班人的坚强阵地，使马克思主义理论在大学生思想意识当中落地生根，才能牢牢把握好思想政治教育生命线的地位，完成新时代党和国家赋予思想政治教育的艰巨任务。